企业青年人才职业化成长系列丛书

职业化企业人

ren

梁 良 著

西安交通大学出版社
XI'AN JIAOTONG UNIVERSITY PRESS

图书在版编目(CIP)数据

如何做一名合格的职业化企业人 / 梁良著 . — 西安：
西安交通大学出版社，2022.4
（企业青年人才职业化成长系列丛书）
ISBN 978 - 7 - 5605 - 5938 - 4

Ⅰ . ①如…　Ⅱ . ①梁…　Ⅲ . ①职业道德-研究
Ⅳ . ①B822.9

中国版本图书馆 CIP 数据核字(2022)第 039126 号

书　　名	如何做一名合格的职业化企业人
	RUHE ZUO YIMING HEGE DE ZHIYEHUA QIYEREN
著　　者	梁　良
责任编辑	魏照民
责任校对	柳　晨
装帧设计	伍　胜
出版发行	西安交通大学出版社
	（西安市兴庆南路 1 号　邮政编码 710048）
网　　址	http://www.xjtupress.com
电　　话	(029)82668357　82667874(市场营销中心)
	(029)82668315(总编办)
传　　真	(029)82668280
印　　刷	陕西思维印务有限公司
开　　本	700mm×1000mm　1/16　印张　11.625　字数　166 千字
版次印次	2022 年 4 月第 1 版　2022 年 4 月第 1 次印刷
书　　号	ISBN 978 - 7 - 5605 - 5938 - 4
定　　价	39.80 元

如发现印装质量问题，请与本社市场营销中心联系、调换。
订购热线：(029)82665248　(029)82667874
投稿热线：(029)82668133
读者信箱：897899804@qq.com

前言

　　每年的七、八月，是大中专毕业生集中入职企业的时间。每到这段时间，我都会给一些知名的企业客户做新员工入职培训，因而我格外关注这些刚刚离开校园的年轻人。从"80后"一直到"90后"，企业很快将会迎来"00后"，他们中有技校生、大专生，有本科生、研究生，也有博士生。每年的新员工如期到来，相同的是朝气蓬勃又略带书卷气的面孔，不同的是个性飞扬却迷茫的神情。一方面是职场新人们对人生最重大的一次选择充满了期待和憧憬，另一方面则是企业难以消弭的用人之困——选人难、育人难、用人难、留人难。短短三四十年，从曾经的人口红利到如今的"招工难"，劳动力市场的巨大结构性反转让所有企业备受压力，猝不及防的人力资源变局带来前所未有的挑战与困难。十多年在不同类型企业工作的切身体会，以及近十年来从事企业管理培训、咨询的经历，使我对企业发展和员工成长之间密不可分的依存关系感受深刻。每遇新员工培训，因职责所在，我总是竭尽全力、谆谆以教，期望新人们能领会精髓，受到启发，尽早成长，同时希望能对企业有所帮助，缓解一些招聘和用人的压力。然而仅仅一两天的职业素养课程，每每只能点到为止，泛泛而谈，难以深入，不免遗憾。

所以一直以来，我很想用文字的形式给年轻的职场新人们提供更多一些建议和帮助，因为从校园人到企业人，是人生一个巨大的转变，年轻人迫切需要得到有意义的帮助和支持。经常回想自己的职业成长经历，印象最深刻的是自己曾走过的弯路和那些终生难忘的职场导师们，感念于一路走来在最关键时刻出现在自己身边的那些前辈、长者和领导，没有他们的言传身教和倾力托举，我不知会在迷茫中摸索和困顿多久。那些曾经无奈错过的人生机遇以及莽撞堕入的职场泥坑，除了遗憾和伤痛，并不能给未来太多的借鉴——错误的方向和目标下的失败只能是成本，而绝非成功之母。因此，写出这些文字的起心动念，就是希望更多的如同自己当年一样意气风发的职场新人，有所借鉴，少走些弯路。

我们生活在一个美好的时代，同时也是一个竞争激烈、责任重重的时代，计算机、互联网、大数据、云计算、人工智能……一切都变化得越来越快，太多事物的急速发展和变迁快得令人始料不及——往往还没有准备好开始，就已经快要结束，还没来得及结束，就又要准备改变。目不暇接之时，大势往往已经远去，焦虑迷惘之下，时光已然消逝。一个人职业生涯的成败从来没有像现在这样影响深远，容错和尝试的风险与代价越来越难以偿付，或许曾经的我和我的同龄人还是幸运的——还有机会走些弯路、犯些错误，还有时间从泥坑里爬出来，而对于当今和未来很长一个时期里的年轻人而言，其实没有太多的选择。而好的一面是，几十年社会经济的发展也为他们创造了得天独厚的资源基础和无可厚非的机遇，这是作为新生代的幸运和福祉，也有待他们很好地去把握和运用。

总结多年来各行各业企业发展的过程和脉络，借鉴发达国家百余年人力资源发展的经验和成果，我们能清晰地认识到未来中国企业对人才的根本诉求和趋势——职业化员工以及职业化管理者，这是数十年来企业发展成长的必然要求和结果，也是社会成熟和进步的标志和需要，现代化的企业管理依托于职业化的人才基础，职业化的人才队伍才能推动企业走向基业长青。职业化意识、职业化精神以及职业生涯规划，将成为未来数代员工和众多成功企业倾力关注和践行的核心所在。

当然，员工的职业化和企业的职业化管理体系建设是相互依赖、相辅相成的，片面强调任何一方而忽视另一方都将会事倍功半，甚至适得其反，但本书在这里还是首先从青年员工成长的角度来审视这一问题，因为针对初入职场的年轻人而言，亟须在职业生涯的最初阶段明确职业目标和方向，就是这 3～5 年的关键阶段，奠定甚至是决定了他们之后整个职业生涯的基础和趋势，这值得给予最大限度的重视和关切。至于从企业和管理者角度如何有效地构建和运用职业化管理体系，推动员工职业化成长，提升企业管理水平与境界，作为一个同样复杂的系统工程和课题，将在此后另做专门著述和探讨。

作为写给职场新人的一些建议和范例，旨在引导和启发年轻人的自主思考和自我认识，因此并没有想要过于冗繁地赘述过深的职业理论和学术问题，职业化最终还是员工个人的"路径选择"，而非什么金科玉律，更不是什么放之四海而皆准的成功模式。具体到每一个个体，尽管其中必定贯穿着一些共性的、需要遵循和坚持的职业化意识和职业发展的原则，但其职业化的最终形态和表现一定是个性化的和独特的，因此，不能去"规定"和"制造"任何人的职业生涯，我们所能做的，就如在文中所呈现的，由师引入门，修行在个人。

希望能够借此帮助到更多的职场年轻伙伴！

梁良

2021 年 8 月

目录

2

做企业最稀缺的人才

• 企业稀缺职业化的员工

企业需要什么样的员工？有人说需要敬业的、任劳任怨的、不计得失乐于奉献的人，此说法偏重于态度方面。有人说需要业务能力强、业绩好、专业技能突出的骨干人才，此说法偏重于能力方面。一个好的员工固然是态度和能力的最优组合，但这种说法还是过于宽泛。我们发现大多数企业的员工手册、企业文化理念，或者是企业所发布的招聘广告，其中对员工的"期望和要求"以及对应聘者提出的职位要求大体上都会包含以下内容：

员工守则（摘录）

1. 热爱公司，服务社会；

2. 尊重他人，诚实守信；

3. 用心做事，追求卓越；

4. 不断进步，完善自我；

5. 团结合作，坚持原则；

6. 爱护公司财物，提倡勤俭节约；

7. 严守公司机密；

8. 保持环境卫生，注意个人仪表。

招聘启事（摘录）

A.职位要求

1.制造业行政岗位经验3年以上；

2.熟悉各类办公软件的操作；

3.能够设计编排企业各类管理文件；

4.有较强的沟通能力、服务意识，责任心强。

B.职位要求

1.有办公室工作经验，会办公软件操作，熟练编辑各种文档；

2.能使用图片编辑软件制作编辑图片者优先；

3.有责任心，能完成上级领导安排的各项工作。

C.职位要求

1.会计、财务等相关专业本科以上学历，拥有中级以上会计、财务职称，拥有3~5年的财务高级经理或财务总监的工作经验；

2.具有全面的财务专业知识、财务分析及财务管理经验，熟悉金碟软件系统的操作流程，熟悉审计、税收等政策，精通企业投资、融资、并购上市；

3.精通国家财税法律政策规范、准则，熟悉运营，并能结合行业、企业特性，为企业经营活动带来价值；

4.为人正直，作风严谨务实，拥有优秀的组织协调、沟通表达、人际交往与领导能力，具备较强的团队合作精神。

在招聘要求中，我们会注意到除了专业要求和学历、资历等硬性规定，关于能力和素质的提法和要求都显得很宽泛和模糊，而且往往寥寥数语加以概括，以至于员工和应聘者们会将这些要求看作文件格式和文本结构的形式部分，并不会真正给予关注和引发思考。一个求职者在读到这些招聘启事的时候，他会对照自己与这份招聘启事所要求的条件是否匹配，思考这份工作适不适合自己，自己想不想去获得这份工作，在这个过程中上述的那些有关素质和能力的提法和要求很大程度上是被忽略的（人们大多会关注行业、职位、收入以及通勤），大多数人会理所当然地认为自己"当然是"符合这些要求的。因为在他看来这些要求都是企业"必然"的一面之词,企业"当然"也必须这样去要求。但几乎所有的应聘者都漠视了这些要求,因为它们无法衡量和评测,并且流于表面文字。在企业文化手册以及员工手册中的情况大体也是如此,而企业的管理者们却都似乎普遍默认这些要求——因为这些说法无论怎样要求都是对的——更严重的是,到了实际工作过程中,企业及各级管理者对员工的"真实要求"却要具体得多,细节很多,"变异"则更多,而且也都"默认"那些要求是理所当然的。

似乎企业要求和希望员工是怎样的人,具备怎样的素质和表现是企业"与生俱来"的无可争议的权利。"不这样要求,我们还能怎么样?""员工不就应该是这样的吗?"因为在大多数人看来,企业是可以对它的员工提出任何自认为"应该"的要求,而员工则必须"无条件"地努力去做到,做不到就一定是员工的问题。历史经验告诉我们,雇佣者对被雇佣者似乎总是难以满意的——在雇佣者心底里"你可以(应该)做得更好";既然你可以做到这么"好",就意味着那是理所应当的,所有尚未做到这么"好"的员工就都是不够令人满意的,而且即使是做到了的人,也应该做到更好,那也是"无可辩驳"的。企业对员工的期望和要求总是这样宽泛和"永无止境",但却似乎都无可厚非,很少有人去质疑和过问——这是合理的吗?

我们不妨换一种问法:"企业应该需要什么样的人?"假设企业对员工的要求不能够"随心所欲",而是有某种公允的限制或者标准(当然不仅仅是劳动法和安全生产法规所涵盖的),也就是说抛开表面的、空洞的和文字罗列的要求和条件,真正从企业生产经营和发展的需要去考虑,即人力资源(human resource,HR)部门所要回答的问题:"企业需要怎样的员工?"这就会立即涉及企业业务类型、生产流程、岗位职责、素质模型以及人岗匹配等一系列更专业的问题,会使得答案又变得更加宽泛——因为几乎每个企业对每个岗位的要求都不尽相同,甚至大相径庭。那些详尽的岗位说明书、作业指导书、工作流程以及考核标准似乎已经很"详细"地回答了这个问题:"我们就是需要这样的员工。"然而现实中,企业得到和拥有了这些员工吗?或者多大比例地获得了这些员工?事实是,如前所述,大多数企业依然是

"很不满意的"。为什么企业有了"清晰""明确"的用人标准，仍然很难找到令人满意的员工呢？

在这里我们再换个角度，从求职者和员工的角度去思考这个问题："企业需要什么样的人？"一次当我这样去问一个年轻员工的时候，他先是迟疑了一下，因为他知道我想要的答案已经不再是公司文件和招聘启事中那样的措辞了。他甚至表现得有些沮丧，然后用有点圆滑的口吻说："那当然是有经验、能干活、业绩好、听话、领导看着喜欢的啦。"这些话当然来自他自己的真实体验，我知道他是一个工作好几年的基层员工，或者说老员工，已经有了一些经历，也有了一些经验，包括工作的和社会生活的经验。很显然他不会像人力资源管理部门那样考虑问题，那太过专业，他也不会想到企业文化手册或者招聘启事中的那些提法，他说的是自己的感受和体验，而且大多是真实的感受和体验。在绝大多数员工的心目当中，对于"企业需要什么样的人"这一问题虽然有着各自的一些个性化、差异化的理解，但的确也存在大致统一的回答——如果这算得上是一种答案。

而事实上，他们的答案提出了一连串新的问题，因为这些答案描述的只是结果，而且是表面上的结果。我们的问题是"企业需要什么样的人"，而不是"企业需要表现成什么样的人"。我们需要的是前提和原因，而不仅仅是结果。因为即便是仅就表面的结果而言，能够真正达到上述那种结果的员工也是凤毛麟角。我们更关心的是，假设上述答案中的表现作为一种结果，真的是企业想要的（虽然我们并不认为答案应该如此），那么能够达成这样的结果的应该是什么样的人？他们该如何成为这样的人？

一直以来，在企业与员工之间，即公司与求职者之间始终存在着一条鸿沟，抑或是一种断层，这个断层使得企业无法清晰准确地描述自己对员工的真实要求，也使得求职者无从获得真正的职业成长机会，这个断层的存在使得企业在招聘员工的时候，只能更多地关注于可被证明的、已经具备的那些所谓"优势""特长"，因为这样做很安全，也很务实（可以解决企业面临的实际问题），从成本和可操作性方面考虑，这样做当然也很合理。但是企业招聘的不总是临时工，通常在员工进入企业一个短暂的阶段里，也就是在刚开始的一段时间里表现"还是令人满意的",或许还解决了企业的一些现实问题,但随着彼此的深入了解和相处之后,大多数人很快不会再令企业感到满意,甚至是非常失望的。如果这种情况越来越严重,将成为困扰企业和人力资源管理部门的持续增长的巨大压力。

另一方面,广大求职者们的局面也好不到哪里去,因为市场上到处是急功近利想"捡现成"的大大小小的企业。无论是应届大学毕业生,还是其他年轻的求职者,多数人都是在盲目地寻找一份工作。企业的用人标准总是显得太过模糊却又太过直接,模糊得似乎没有什么条件就可以胜任,直接得一目了然——"只要……就能……","必须……才能……"。而当他们进入企业之后却又更加迷茫,似乎自己永远只不过是一颗越来越微不足道、随时可被替代的螺丝——尤其是那些流水线上的工人。

这就如同一对奇怪的商家和顾客:商家不知道该卖些什么,也不了解顾客需要什么;顾客不了解商家能提供什么,也不知道自己需要什么。所有商家都想盈利,所有客户则想让自己满意,而能够填补他们之间的鸿沟并解决这个矛盾的东西叫作"市场化"。经过40多年的努力,这个矛盾大体上已经解决了。而能够解决企业与员工之间矛盾的则是"职业化",我们的市场经济已经繁荣发展多年,但他们之间这个鸿沟却依然存在。

我们暂且将职业化看作一种内在的素质模型,或者是一种公认的运行机制,就如同普遍存在的市场机制,也就是亚当·斯密所说的"看不见的手",它将所有的经济活动参与者联系起来。大家认同并遵守相同的规则,并充分发挥才智去运用它们,包括充分利用自己所能利用的资源(条件)去为自己争取最大的福利(利益)。当然只是为了增加自己的利益,很少或者几乎没有考虑过增加他人(对方)的福利,而这样做的时候,在满足自己的同时,也在增加他人(对方)的利益,而且从结果上看,往往要比想要为他人(对方)增加的福利要大得多。企业与员工之间的关系亦是如此,职业化就是企业与员工之间合作的基本规则——另一只"看不见的手"。

•解读职业化(精神、思维、技能)

职业化是一种公允的机制和标准,它不是企业拿来要求或者衡量员工的新戒尺。当然,职业化也不是员工借以苛责挑剔企业的借口和资本,甚至在一些境况严峻的传统企业里,也都存在着一些高度职业化的优秀人才。

职业化是由三种要素融合而成的素质模型,即职业精神、职业思维以及职业技能(见图1)。

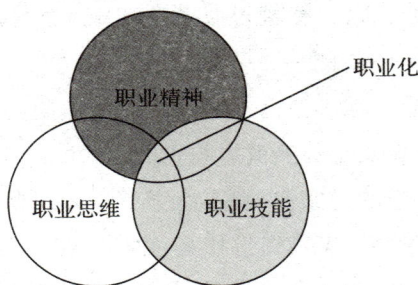

图 1 职业化模型

这种由内而外搭建起来的素质结构是所有行业和职业几乎所共通的。它们与具体的行业和岗位通过相应的专业化知识和技能以及作业形式相结合,就能够较为全面和精准地呈现出这些岗位需要的最佳人才标准。所以无论是现在还是未来,企业所需要的人才都是职业化和专业化的完美结合。在专业化知识和技能的标准描述方面,大多数行业和企业的问题已经基本得到解决,也做得足够多,至少不再是一个令人十分困惑的问题——通过各类企业日益完善和普及的岗位标准、岗位说明书以及标准操作程序(standard operating procedure,SOP)可以看到这一点,而在职业化方面的问题则要复杂得多。无论是社会历史和文化原因,还是考虑到我们企业现代化发展时间短暂的原因,职业化与其他许多非常必要的基础性条件一样姗姗来迟,或者尚处于起步和形成的萌芽阶段。而随着社会经济和各行业的快速发展、竞争和变革,无论是企业还是员工个人,对职业化的需要"客观上"都变得越来越紧迫。随着产业及技术的不断升级换代和加速发展，国家、社会和企业越来越强烈地意识到人以及人才的重要价值。当产业从低端的劳动密集型逐步升级到更高端的价值创造型，资本和技术往往已经不再是木桶最短的那一块板子，真正制约企业发展的阻力将越来越多地聚焦到人身上。而问题的焦点却恰恰不是缺人，也不是缺少懂专业技术的人，而是缺乏大家心目当中真正渴望的，那些具备价值创造力和特殊素质的职业人。

❖ 他（员工）不在乎企业，似乎公司的好坏与他无关，公司不行了，就立刻换一家，跟以前一样的干法，不行了就再换。

——某企业人力资源部经理

❖ 不愿意多操心、多承担一些，非常在意付出和回报的对等。普遍的说法是拿多少钱、干多少活，而且是要求立即兑现的那种。

——某企业区域经理

❖ 做事的标准都是最低的，对，达到你要求的最低标准。如果要求高了呢？那就做不到。而且做不到的原因一定是领导和公司的问题。

——某企业市场总监

❖ 工作中遇到困难，习惯于来找上司和公司，于是困难就变成了原因和借口。因为在他们看来，这是公司的事情，是公司的困难，与他无关。

——某部门经理

❖ 工作时的效率低下，集中精力工作的时间很少，有太多的干扰和分散因素，不是指休息那种，而指注意力的分散，关注点的漂移；上班更多的是时间和空间意义上的上班，而不是工作意义上的那种。然后，工作时间以外，不会考虑工作上的事，如果不得不处理（工作），会很不耐烦，会很拒绝。

——某商贸企业中层

❖我们的客户多，而且还在迅速增长，包括国际市场也已经打开。我们的设备在国内可以说是一流的，而且还在添加新设备。技术方面我们非常自信，在业内可以说是领跑者。你看我们的新厂房，在国内是不多见的吧？资金也不是问题，问题是我们的成品率、我们的损耗，特别是质量不稳定。在我看来，是人出了问题，我们的管理太原始，我们的员工没有进入状态，大部分人还停留在干粗活的作坊阶段，跟公司的现状存在时空差距，没有质量意识，没有效率意识，没有成本意识，靠手艺干活，没有学习的概念，是熟练工，但是是作坊时期的熟练工。我们还依赖着他们，因为干这一行太辛苦，就这样的工人都不好找，没有他们，当下的活儿都干不出来，就得停摆……其实制度我们都有，但是不起作用，因为就这样子的人，制度不起作用的。人跟不上，脱节着！我们一直在招人，很难找到合适的，待遇给得起的，问题是来了没几天就不行了，找不到真心想要的人。

——某锻造企业总经理

这些管理者的话语中似乎已经提示了我们企业期望什么样的员工以及他们的行为方式。我们也能够清楚地看到，上述这些员工的表现实际上在降低企业的效率，增加企业的成本。众多企业的生产效率低下，固然有着复杂的原因，但令人不满意的员工（这里包含不胜任的管理者在内）越来越成为最突出的因素。

我们当然反对走极端和片面地去"要求"员工爱岗敬业、无私奉献、吃苦耐劳、不求回报、精益求精……内卷化的"996""007"无论如何都是违背人性也违背企业存在意义的。拿结果当手段的时代早已过去，拉长时间轴去看那都不过是沉渣偶泛的一时喧嚣而已。大多数发达国家也都有过类似的一些过程，但之后的制度完善和社会实践都无一例外地否定了那些短视的做法，而在一个劳动法早已颁布多年的社会里仍重演这样的内卷插曲，无疑更令人难以理解和接受。无论是加班文化泛滥、文凭贬值，还是跪地爬行、嘶吼口号、互扇耳光的极端"激励"手段，以及动辄军事化管理、狼性文化、忠诚管理……无一例外，都无助于解决诸如员工敬业缺失、生产效率低下、企业核心竞争力薄弱等任何方面的问题,相反地,急功近利的那些手段的施行反而会不断恶化和加剧问题本身。我们姑且可以善意地把这些做法看作病急乱投医之下的无奈和焦虑之举,但解决之道不在于此。

所有问题的解决,必须通过员工个人和企业(当然还包括社会和政府)共同努力才能达成。因此每当我们谈到职业化问题,都应当清醒地认识到这是一个问题的两面,或者说是两个相互联系且制约的共生问题,虽然它可以被分为员工的个人职业化素养提升和企业的职业化管理体系两个话题来讨论。这有些类似于讨论鱼与水的关系,鱼的健康与鱼缸里的水质无疑是密不可分的,我们希望讨论与研究的思路是如何选择和保持鱼的健康(素质),以及同时如何有效维持有利于鱼儿健康的水质,而不是孤立片面地要求鱼的品种、抗病能力、耐受力等,也不是一味地声讨鱼缸的质量、设备的优劣以及水质的问题。求职者和员工需要不断地学习和提升,具备不断完善的职业化素质结构,而企业则要勇敢地做出变革和付出必要的成本来接纳、引导和持续优化符合职业化员工生存发展的环境和条件。在这个更讲求竞合的时代,企业与员工之间的合作日益成为主流,简单雇佣时代渐行渐远,唯有以职业化为契机的劳资合作才是突破困局的最优选择。

然而在这里我们还是想先从员工(求职者)这个方面来谈职业化问题,毕竟"鱼"是这个事情的主角。我们后续当然会谈到优化"水质"的问题,但先研究主角的培养还是更迫切一些。

作为一种内在的素质模型,职业精神是职业化的驱动力所在。

根据《现代汉语词典(第7版)》解释:职业,即个人在社会中所从事的作为主要生活来源的工作。

根据中国职业规划师协会的定义:职业＝职能×行业。

职业精神是与人们的职业活动紧密联系,具有职业特征的精神与操守,从事这一职业就该具有相应的精神、能力和自觉。职业精神由多种要素构成,它们相互配合,形成严谨的职业精神模式。

事实上关于职业精神,可以有更多不同层面和角度的解释和理解。但其核心一定是敬业精神。围绕着这个核心,适应于不同行业和专业及环境的需要,还需要融入一些带有行业(专业)特性的重要理念和原则,它们共同构成职业精神的系统。因此,解读职业精神的关键在于明确地认识什么是敬业精神。

但首先,我们要明确什么是工作。汉语中本没有"工作"这个词汇,它是舶来品,翻译自英文,据说是清末梁启超先生的贡献。从工作本身的内涵来说,它包含着"劳动"和"收入"两个最基本的含义,顾名思义,就是通过劳动获取收入。但为什么不叫"工收",或者是"劳人"呢?工作的"作"显然区别于劳动中的"做",在这里,"作"是作为的意思。两者的区别是很大的。

"作"主要表示抽象方面,"做"表示具体现实的事件。

1. "作"的意义

"作"表示动作行为意义,是抽象意义词语,书面词语多写作"作",如"作文""作对""作罢""作怪""作战"。

例如:"作为一个领导干部"不能写作"做为一个领导干部"。"做贼心虚"不能写作"作贼心虚"。

2. "做"的意义

"做"是具体现实的活动,具体东西的制造写成"做",如"做桌子""做衣服""做饭"。

例如:"作贡献"和"做贡献"这两种用法,目前并行于各种文字场合,但本书倾向于推荐使用"做贡献",原因是"贡献"是具体的东西。

所以我们说"做工作",而不会说成"作工作"。工作的核心意义在于"通过(每天)的劳动从而有所作为",在这里"有所作为"是工作的核心价值所在,也是敬业精神的起点和根基。无论从事一份什么样的工作(任务),都能找到并最大化地实现这份工作的意义和价值,而不是仅仅停留在工作(任务)的时间、技术、劳作条件以及难易程度上,也就是所谓的"完成任务""做完""了却一桩事""结束一项工作"。应付了事的态度与敬业精神是一个变量的两极,中间部分的位置便是精诚敬业与疏于职守的不同程度(见图2)。

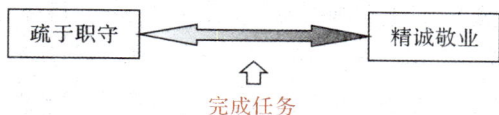

```
┌──────────┐                           ┌──────────┐
│ 疏于职守  │ ◁═══════════════════▷ │ 精诚敬业  │
└──────────┘                           └──────────┘
                      ⇧
                   完成任务
```

图 2　敬业程度

工作中如何能有所作为？关键在于找到那些值得作为的"价值点"。

　　我就是给公司开车的，公司不只我一个司机……所以我就要想呀，领导们坐我的车，我除了开好车，还能做点啥，公司客户呀、专家呀、上级单位的人呀，坐我的车，我又能做点啥，能对公司和乘客有所帮助？（车上专门为乘客准备了一个"百宝箱"。）比如老师你今天坐我的车（接机），我能为老师做些什么？（气温很低，准备了一个暖手袋。）……所以领导能肯定我，给我机会，时间长了，他们不再只当我是个开车的司机了。

——某公司司机，33 岁

　　行政文员是个再普通不过的岗位了，大多数人做不久，也干不出什么业绩，可以说可有可无，随时有大把的人能替代，算是公司最不起眼的工作了。当然工资也低，也就比保洁强一点儿……我知道也见到过其他人怎么做前台的……可我不想也那样子，干几年除了年龄几乎没有任何增长的，我也有文凭（二本），所以应该还能做更好的工作，有更好的机会和收入。但是那时候我刚毕业么，能做前台其实也不容易。这个公司很大，发展也快，周围都是些很有本事的人，包括老板。既然我目前只能先做这个不起眼的工作，那就想着怎么把它做好，或者说怎么干得跟别人（前台）不一样……是的，我思考了一些事情，然后试着去做了，一点一点地，一件一件地……我记着大部分领导和同事的简单情况，比如住址、上班到达时间、中午吃饭时间、加班习惯……他们的生日（生日那天进门时祝福他们生日快乐）、车牌号，还有常来的客户的姓名、职务、跟公司合作的大致项目……主动为他们做些事情——他们需要但是没人做的，比如下雨了提醒大家拿上伞出门，订火车票替他们预选喜欢的座位，提前准备好会议室……是的，我自己记了一本前台日志，每天发生的大小事情简单记着，领导需要时都能用来查询一下，有些信息过很久才发现其实很重要的……我现在招聘新人会很在意这种意识，也会引导我的下属学习这样的思考方式和做法。

——某公司行政经理，27 岁

其实每个人的工作内容都很具体，甚至很单一，就那么点岗位工作，业务流程很长，所以分工都很细了，完成任务，只说是干完交差的话其实半个人都多了，干久了一定会很无聊的。但是工作看你怎么个干法了，稍微多看看、多问问、多想想，其实可做的事很多，而且是有必要的，就看你愿不愿意把工作做得更好一些。"好"是个很弹性的标准，里面内容很多，可做的点也非常多：公司给我的工作只是一个小点，但我们可以把它做成一个面，至少是一个扇形吧（哈哈）……当下看肯定没有回报了，因为没人要求你做，是你自己做的，甚至领导都不一定知道你在做，所以肯定是多付出了……为什么还会做？大概是想看看自己能做到什么程度和水平吧，好赖都是做，赖做是可以，但是往好了做也可以呀，至少证实下自己的能力，应用下自己的知识和头脑。做得比别人出色的话当然也有成就感，是有一种价值感……我更喜欢这种做事的状态，是的，有点享受这种状态，跟别人不一样的感受和体验，这可能更重要，比增加多少钱更重要。

——某软件公司新晋升部长，27 岁

因此，敬业精神就是在工作中的作为意识、价值诉求和对工作内容做主动的意义延展，而不是表面意义上的时空消耗与占用以及脑力、体力付出，也就是不能仅仅按照是否加班加点、早来晚走、"996""007"以及片面化的勤勤恳恳、任劳任怨这些"外在化的现象式结果"来评估一个人是否敬业以及敬业的程度。敬业精神的灵魂在于对工作所持有的认知是否是以价值和创新为认定基础，是否以客户（内、外客户）需求为指引，是否以自我实现为最终追求。

2001 年，徐立平的一名工友，因操作时刀具不慎碰到金属壳体，瞬间引起发动机剧烈燃烧，导致工友当场牺牲。徐立平万分痛心，暗暗发誓只要自己还在整形岗位，一定要研制出更好用、更科学的刀具，规避危险。

经过不断摸索和实践，他根据不同类型的发动机、整形的不同阶段和不同部位，设计、制作和改进了好几十种刀具，其中九种申请了国家专利，两种已获授权，一种获得陕西省国防科技工业职工创新大奖。

还有一种以他名字命名的半自动整形专用刀具"立平刀"，让工作人员的操作可靠性和产品质量的稳定性得到有力保证。"每当看到导弹发射、火箭上天的时候，每当看到自己精心呵护的一件件大国重器高耸云端的时候，心中的自豪是任何东西都换不来的,那一刻,觉得自己付出的一切都值得!"

"30多年来,我只是兢兢业业地尽了我应尽的本分,做了我职责内该做的事情……"

——徐立平,中国航天四院"火药雕刻师"

"去实现儿时的梦想吧"。中学毕业后,高凤林报考中国航天科技集团公司第一研究院211厂技校,从此与航天结下不解之缘。

早期,培养一名氩弧焊工的成本甚至比培养一名飞行员还要高。而要焊接被称为火箭"心脏"的发动机,更对焊接的稳定性、协调性和悟性有着极高的要求。

技校毕业时,高凤林被选中进入中国航天科技集团公司第一研究院211厂焊接车间,从此,他拿起焊枪,把自己的根牢牢扎在了焊接岗位上。38岁时,高凤林已成为航天特级技师。

成功的背后离不开汗水的浇灌。吃饭时,高凤林拿着筷子练送丝;喝水时,端着盛满水的缸子练稳定性;休息时,举着铁块练耐力,甚至冒着高温观察铁水的流动规律……更有甚者,他连"一眨眼"的工夫都不放过。火箭上一个焊点的宽度仅为0.16毫米,完成焊接允许的时间误差不超过0.1秒,为了不放过"一眨眼"的工夫,他硬是练就了"如果这道工序需要10分钟不眨眼,我就能10分钟不眨眼"的绝技!

"没什么秘诀,不过就是两个年轻人面对面瞪着眼,打赌比比看谁坚持的时间更长罢了。"在高凤林如今的谈笑背后,是饱经岁月的淬炼。

20世纪90年代,亚洲最大"长二捆"全箭振动塔的焊接操作中,高凤林长时间在表面温度高达几百摄氏度的焊件上操作。他的手上,至今可见当年留下的伤疤。

国家"七五"攻关项目、东北哈尔滨汽轮机厂大型机车换热器的生产中,为了突破一项熔焊难题,半年时间里高凤林天天趴在产品上,一趴就是几个小时,被同事戏称"跟产品结婚的人"。

在汗水的浇灌下,高凤林练就了出神入化的"神技天焊"。

——高凤林,中国航天科技集团公司第一研究院特种熔融焊接工特级技师

36 岁的王炳益是贵州电网公司榕江供电局兴华供电所抢修班班长，工作已有 14 个年头。

14 年来，他坚守月亮山区百姓的光明，不离不弃。在工作上，爱岗敬业，认真负责，兢兢业业，任劳任怨；在为人上，他憨厚老实，乐于助人，诚实守信。他以一颗诚实守信的心，与山上百姓建立了鱼水之情，赢得了百姓的信任与认可，成为月亮山区百姓最信任、最亲近的"货郎电工"。

月亮山，是 20 世纪 80 年代还需国家食盐救济的地方！是贵州榕江县 20 世纪 90 年代最后一个乡通车的地方！也是 2009 年黔东南州最后一个村寨通电的地方！月亮山也是王炳益的家乡，他就是在这样一个地方，每个月用双脚丈量月亮山，翻山越岭跋山涉水来回行走两三百公里为 19 个村寨 1010 户抄表和抢修输电线路，工作的足迹遍布 200 多平方公里。在这条抄表路上，他用真诚的心传递着物品、传递着信息、传递着光明、传递着能量，与当地老百姓深深互信。

百姓的义务"宣传员"

自从月亮山上通电后，百姓家家户户用上电了。为了让百姓安全用好电，王炳益每次去抄表都带一些安全用电画册、农村安全用电小常识等发放给老百姓，并且给他们讲解。那时，山上识字的人很少，大多数连汉话都不会说。到苗族寨子，王炳益就用苗语给他们讲解；到水族寨子，王炳益就用水语给他们讲解。

一次，王炳益来到故细寨子抢修，时值农忙季节，一位韦姓的大伯到市场上买了瓶杀虫剂，但是不识字，不知道怎么兑水。王炳益的到来让他很高兴，他叫王炳益帮他看，教他兑水。还有一次到下午寨子抄表时，一位潘姓的大伯拉王炳益去他家帮忙写危房改造申请书。

这十多年来，王炳益做好安全用电宣传的同时，还传授一些防山火、保护野生动物等知识，成了月亮山百姓的义务"宣传员"。在他的宣传指导下，老百姓不仅能安全使用各种家用电器，而且学会了各种农药、物品的正确使用方法，现在月亮山的老百姓拿到什么新鲜的或者是不会使用的物件都喜欢向王炳益"请教"。

百姓的信息"传递员"

每个月1至6号，王炳益都要到月亮山上去抄表，走村串寨，家家户户都要去。他常把外面所看到的、所了解的一些就业信息、赚钱门路等消息带到山上去。老百姓便经常让王炳益捎话，同时也向他了解外面信息。

"今年的香菇价钱很贵，好的卖到30多块一斤，差的也能卖到20多块，兴华沿河两岸老百姓种香菇有些都富了，你可以种香菇。"2008年的一天，王炳益走路来到摆乔村村民冷明松家抄表时，冷明松正为寻找赚钱门路而发愁。此时，王炳益想到兴华乡市场的香菇很好卖，而且有些人种香菇开始富了起来，于是王炳益建议冷明松也种香菇。说干就干，那年冷明松种植香菇60袋，收入近3000元。看到种植香菇能赚钱，增加收入，冷明松还发动了全村种植香菇。

"炳益，韦家的那个姑娘还在家吗？""你帮我问问老板什么时候开工？""看见我爸妈在家吗，他们身体都还好吗？""麻烦你通知我家伯伯下个月来吃酒，我家老二嫁了……"有的要王炳益捎话，有的向王炳益了解娘家信息，有的了解就业信息，甚至有的年轻小伙子还向他打听心上人的信息。久而久之，王炳益成为山上百姓的信息"传递员"。

百姓的乡间"送货郎"

王炳益抄表抢修所经过的村寨，最远的约有100公里，最近的有20公里。年青人都外出打工，留在月亮山上的大多数为老人和儿童，老人下山不方便，而自己常年往返于山上、山下抄表抢修，于是王炳益经常帮山上的老人带东西。因此，他的抄表路上除了一个工具包外，还多了一个大"货包"，里面装着为老乡带的盐、感冒药、灯泡等生活用品，所带物品最重的时候达到二十多斤。

每次王炳益去抄表都要渡船过八蒙河，然后骑车、淌溪水、爬悬崖才能完成抄表和巡线任务，来回一趟要走100多公里，去一趟要花一个星期的时间。这样的路途徒步完成已经很困难了，有时遇到山洪暴发，自己过河都很危险。这种情况下，王炳益完全可以放弃这个大"货包"，但他每次都是冒着危险,把大"货包"高高举过头顶,生怕弄湿里面的物品,想尽一切办法把老百姓的各种物品全部带到。

"王炳益吗?我们寨子冷老各老人家里的灯不亮了,估计是灯泡烧了,家里黑黑的,老人感冒严重,麻烦你带几个灯泡和一些感冒药来。"2009年3月份的一天,王炳益接到摆乔村苗寨一村民打来的电话。

"冷大爷,您的感冒药和灯泡都给您带来了,我还给您买了两斤肉和一些水果。"当王炳益来到冷老各家时,发现老人发高烧病倒在床,他立刻拿出感冒药给老人服下。得知老人生活全靠政府给的低保费来维持,王炳益暗下决心,一定要帮老人交电费、扛柴火、送生活日用品等。这事一干就是5个年头。现在老人每每遇到寨上的同龄人,就讲他有个干儿子,名叫王炳益。每月3日,冷老各夫妇两人都在门口等待着他们的"干儿子",王炳益的到来,已经成为老人们的一种期盼。

"炳益,麻烦你给我带包洗衣粉、两包盐和一包味精来,我煮饭等你。"2013年3月3日,榕江县水尾水族乡村林场护林员杨胜德知道这天王炳益要出发去故夯、故细、故该等这些星星点点的村寨抄表,林场是王炳益抄表沿溪必经之路,他嘱咐王炳益帮忙带点东西。等王炳益抄完这些独家独户大大小小的寨子时,来到林场已是中午12点,杨胜德早早杀好鸡等候王炳益。吃完午饭,王炳益却悄悄将50元钱放在一个碗里,自己又踏上了抄表之路。

十多年来,王炳益义务为乡亲们带的物品不计其数,成为月亮山百姓的"送货郎"。

牛棚宾馆,搭建心的桥梁

王炳益不仅要抄表,还要负责沿途电力线路的巡视,有时要清理通道,如果老乡家用电有故障,就会耽误正常的赶路时间,天一黑赶不到老乡家,他就只能找一个牛棚住下,春夏还好,到了冬天,四处透风。老乡们知道他常在牛棚里过夜,总会特意准备些柴米油盐放在里面。他用了,第二天会放10元或者20元钱在稻草底下。见面了大家从不提起,就这样你来我往十多年。

"宣传员""信息员""货郎电工",他这一干,就是十余年。十余年来,加上平时抢修、巡线所走的路程，王炳益已经来来回回地在莽莽丛林的贵州月亮山上走了6万多公里。他在上山"保电"的路上，不辞辛劳地为乡亲们捎物带信。通过一件件日用品、一个个信息、一句句话语，给乡亲们捎去了幸福、温暖和关爱。彼此的信任，让原本的工作关系变得融洽，以至慢慢发展成一种亲情。一包药、一封信、一句话，看上去微不足道，却拉近了他和老乡们的距离，他们都喊他"货郎电工"，每次进寨子，老乡都热情地和他打招呼："炳益，你来了！""炳益，吃饭了没有？"老乡们的需要和尊重，让他觉得很幸福。

记得月亮山摆乔村第一次通电的时候，摆乔村村民冷明政老乡家买了录音机，专门为王炳益播放一首《梦驼铃》。他说，王炳益像一匹骆驼一样，不辞辛劳，身上挂个铃铛，背的是老乡们的生活用品，送的是老乡们的光明，他说这歌是专门为王炳益放的。那一刻，王炳益流泪了。他的付出，得到老乡们的理解和信任，这成了他工作最大的动力。

在这条巡线抄表路上，他传递着物品、传递着信息、传递着光明……

——王炳益，贵州电网公司榕江供电局兴华供电所抢修班班长

在我所合作过的企业中，那些具备敬业特质的优秀员工和干部总是令人瞩目、受人青睐，往往初次接触就会感受到他们的与众不同和巨大的影响力。尽管地域、行业、职业以及专业差别非常大，但在他们身上却有着共同的一种特质——敬业精神。

我是在培训课堂上认识的王炳益，两天的课，他一直就坐在他们小组的最前面，一双圆圆的眼睛几乎目不转睛地盯着我讲课，他在课堂上互动也很积极，自然我也就关注他多一些，吃饭时他就坐在我左边，他说话不多，但很认真地听着大家的交流。当我从大家口中知道了他的事迹和获得的荣誉，兴奋地跟他握手时，他腼腆地笑着红了脸。就是这样一位看起来憨厚朴实的贵州山区小伙子，身上竟然有着令人钦佩的超凡的敬业精神，感动了我们所有人。我问他："你是怎么坚持下来的？"王炳益笑着说："那些事情总是需要有人做的，我工作就在那里，所以就去做了，成习惯了，不觉得是在坚持。""巡线抄表这个事谁都能做得来，没什么特别，但是怎么做，做成什么样子，

做些什么事,做出不同的意义,那就有区别了。"我问他"成名"之后有什么感受,他告诉我他最高兴的是现在已经能用普通话讲报告了,以前是不会说普通话的。

在王炳益、徐立平、高凤林这些优秀的人身上,正是因为有着表现形式不同但内涵高度一致的敬业精神的存在,才激活了他们的价值源泉,也在成就一番事业的同时成就了他们自己的人生高度和意义。这种精神最鲜明的特征就在于他们看待工作的方式——把工作当做什么来对待。正如上述对工作内涵的解读,每天通过有效的劳动付出而有所作为,探求寻常工作中不寻常的意义和价值点,并采取行动创造出结果——帮助他人、提高价值、提升标准(质量)、优化服务、推动公司和业务发展——虽然工作结果的绝对当量可能或大或小,但工作意义和价值却可以无尽深远。

在此我们概括和归纳了一个敬业的员工能够呈现的、可以帮助我们参考和鉴别的敬业者的那些表征及其内涵,从而加深我们对敬业的理解(见表1)。

表 1　敬业者的表征

表征	内涵
持续不断的创新	价值
不满足于工作岗位基本的要求	作为
主动拓展工作的外延(丰富内涵)	价值、意义
持续的学习/练习/训练	价值
重视细节,小处着手	作为、价值
自律,自我管理	价值
专注,强烈的目标意识	价值、意义
责任感,责任在我的意识	作为、意义
不因条件、环境优劣而动摇行为方式	意义

回想起在企业做管理的那些年,在我所负责的几个部门中那些优秀的下属们,他们的学历普遍并不算高,当然也没有什么背景和可依仗的条件,

但在和他们的合作中却经常令人感到兴奋和鼓舞,他们有着我所看重的时间观念和细节意识,工作中经常(几乎是每次重要的工作中)能带给我惊讶、新意和意想不到的某一点改进,而且并非刻意和张扬为之,他们经常会上班早到、下班晚走,并不是因为那样显得积极,而是他们善于时间管理和追求自主高效的工作方式;他们会自发组织工作前的讨论,做出严密可行的计划安排和更务实、高效的分工,以"更好"的结果为导向的执行,令部门管理变得轻松和富有成就感,而较为弹性的管理方式则是我对他们这种职业素养的恰当的回馈。他们有的能够脱口说出公司全国各地五十多个分公司办公室及主要负责人的电话号码,有的能做到几年来所有归档文件码放整齐后订书针保持在两条平行线上丝毫不差,有的则不断探索公司文件信息的保密方式,多次提出新颖的技术方案,令公司 OA 系统别具一格且实用高效。在他们身上我能强烈地感受到敬业者的气质和风采,而这种不断巩固的敬业精神成为后来他们各自职业腾飞和价值倍增最有力的背书。

企业渴求更多的敬业者,而敬业精神是职业精神的核心所在,也是一个人职业化素质的根基所在。从敬业精神和意识的培养入手,是一个人走向职业化发展的第一步,也是最关键的一步。

如前所述,围绕着敬业精神这个核心,适应于不同行业和专业及环境的需要,还需要融入一些带有行业(专业)特性的重要理念和原则,它们共同构成具体职业精神的系统。例如医生,他们的职业精神应当还包含着奉献精神、仁爱、专业(专家)精神、正义感、行医道德等;教师则应具备无私传承、身教意识、耐心与宽容、谦虚与谨慎、为师之道(师德)、淡薄功利这样的精神要素;公务员则需要守正精神、原则性与律法精神、服务精神、效率与节约精神等的支撑。每个具体行业(职业)又因为文化、地域等特殊因素的影响与制约,会在不同的领域和层面对职业精神有着差异化的要求,并且这种差异化本身也会随着环境和时间的变迁而变化发展,但是,以敬业精神为核心,结合行业及岗位特征匹配所必需的相关精神特质,是理解和构建职业精神(系统)的基本途径。

职业化的第二个方面是职业化思维。

思维由知识和逻辑构成,思维方式存在层次和性质的区分,从低到高可以分为四种:线性思维、数理思维、水平思维和结构化思维(见图3)。

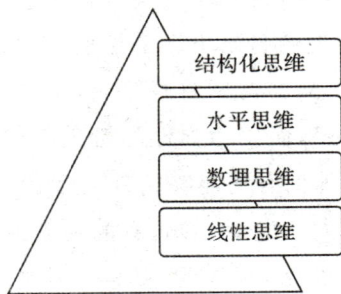

图 3　思维的层次

通俗理解,线性思维基于形式逻辑,是人们日常生活中的基本思维方式。其基本思维模式基于"因为……所以……","如果……那么……"。

数理思维基于自然科学知识的公理和规律,如化学反应、热胀冷缩、设备故障引起质量下降、函数公式、财务记账规则等。

水平思维也叫创新思维、艺术性思维,讲求直觉与灵感,包括逆向思维、发散思维、联想思维、收敛思维等。

结构化思维也叫工具化思维、系统性思维,是按照规范的模式和方法思考、分析问题的思维方式,如 SWOT 分析、量本利分析、波士顿矩阵、检核表法等。

四种思维方式有明显的区分,但又不完全区别。有一些思维方法会因为应用的范围和条件不同而模糊其归类,甚至同时可以属于两种类型,例如柏拉图分析,既是数理思维也是结构化思维;四种思维方式之间是密切联系的,高一层的思维方式往往是基于和包含着低层思维的,并且实践中存在着广泛的交叉和融合。因此这样的四层分类更多是指导意义上的,能满足实际应用的需要而非专业理论上的研究。

线性思维支持人们日常生活和机械性劳动,可以看作基础性思维能力,缺乏这种能力会影响一个人的正常生活,甚至难以融入社会。数理思维基本上来自后天教育与学习,是各类专业技能的基础,它通过数学以及自然科学等知识的学习而获得。一个人数理逻辑的强弱经常是通过其专业技术水平体现的,数理思维能力的薄弱会极大地限制个人的专业能力,特别是研究技术性问题的水平。水平思维能影响人的创造力,它不追求数理思维那样的严密性与逻辑性,而是基于灵感和直觉以及个人因素的"随机发散",甚至不介意天马行空和脑洞大开的幻想,很显然,它影响着人的创新能力。结构化思维的工具性特点较为突出,它有着数理思维的严密性和线性思维的稳定性,同时也是创造性思维的产物,在解决较为复杂的综合性问题时显得更为有效,如战略分析中常会用到的 SWOT 分析、波特竞争五力分析、PEST 分析等,经营管理中用到的量本利分析,绩效管理中的平衡计分卡,以及复杂原因分析的鱼骨图、问题树等工具。

职业化思维首先要求适应和掌握"规范性"和"工具性"的思维方式,也就是线性思维和数理思维(第一层和第二层),在此基础上,还要掌握和具备水平思维和结构化思维(第三层和第四层),它们是职业化思维的重要标志和必要条件。或者说,职业化思维更加倾向于水平思维和结构化思维的学习和运用,而对于仅仅停留和满足于前两种思维的员工来说,其总体的职业发展趋势将被削弱,甚至会随着环境的发展和变化,与职业化渐行渐远。在企业管理实践当中,我们经常会遇到那些因为工作勤奋和专业优异而被提拔的基层管理者(如班组长),他们因为此前的出色表现而获得了被提拔的机会,他们也非常兴奋并信心满满,因为这不仅代表着自己的成就,也意味着收入和地位的提升,他们期望自己能够继续表现优异。但是,在他们当中有相当多的人在新岗位上却做得力不从心甚至令人失望,许多人在很长一段时间的努力之后仍被评价为不能胜任,更谈不上优异。从业务(专业)的精英转为管理的精英,这中间有着巨大的变化,除了工作职责、内容、对象和考核标准的改变,其中一个重要的转变来自对思维方式的更高要求,业务和专业工作主要凭借第一、二层思维,而管理工作则要求必须具备(更多的)后两层思维能力。即便是在业务和专业

岗位层面上富有成效、突出优异的工作成果，如创新、革新、客户满意、高效节能以及高水平的工作成果，也离不开创造性思维和运用得当的工具思维，而对于基层管理之上的企业中层、中高层、高层管理者们，这方面的要求则更高。

以上四种思维能力构成职业化思维的主体。而在实际工作和日常活动中，就企业（公司）的整体而言，涉及企业文化及品牌、管理水平定位和企业形象，职业化思维经常体现为一些在企业中形成通识的"思维表达"。也就是通过企业成文或不成文的方式存在的一系列观念、理念、惯例以及语言（口号）。它包括了领导者的信念、企业文化理念、行为规范以及工作用语（词汇）。例如我的一些部门员工经常会说"每次进步一点点""一切隐患都是可以避免的"等，虽然使用的部门和场景会有不同，具体所指也有差别，但这些话语提示的是一种职业化思维，并且是趋于高水平的思维和认识。而这样的思维和认识同样是非常宝贵和富有价值的，它们是职业化思维的更具体和生动的体现。

事实上，许多企业都意识到了这种"思维的价值"，因此绝大多数的企业文化中都或多或少会提出一些行为准则、职业规范以及条例，它们一方面在诠释企业价值观和理念，另一方面也在渗透和贯彻职业化思维（方式）。

企业文化是企业领导者倡导的，所有团队成员共同维护并传承的一整套价值观、愿景、使命及企业理念，它代表了组织中被广泛接受的思维方式、道德观念和行为准则。这里所说的思维方式，很大程度上就是企业期望它的员工能够具备并贯彻落实的思维方法和模式，而其最核心的内容就是职业化思维。因此企业文化可以成为推进职业化思维（以及职业精神）的重要方式。

某企业文化手册摘录：

国家某网公司员工守则

遵纪守法，尊荣弃耻，争做文明员工。

忠诚企业，奉献社会，共塑国网品牌。

爱岗敬业,令行禁止,切实履行职责。

团结协作,勤奋学习,勇于开拓创新。

以人为本,落实责任,确保安全生产。

弘扬宗旨,信守承诺,深化优质服务。

勤俭节约,精细管理,提高效率效益。

努力超越,追求卓越,建设一流公司。

"内强素质"

安全素质、质量素质、效益素质、科技素质、队伍素质。

"外塑形象"

塑造认真负责的国企形象;

真诚规范的服务形象;

严格高效的管理形象;

公平诚信的市场形象;

团结进取的团队形象。

某电力企业企业文化摘录:

核心价值观

专业、高效、协同、诚信。

企业部门工作信条

燃料部:精心操作,科学掺烧。

运行部:精心操作,安全满发。

设备部:我在设备身边,设备在我心中。

检修部:应修必修,修必修好。

生产经营部:安全环保,节能降耗,守法经营。

综合部:主动服务,精简高效。

人力资源部:让员工释放价值。

财务部:当好参谋,依法理财。

　　这里需要强调的是,诸如上述企业文化手册中所提出的规范和要求,并不一定一开始就遵循了职业化思维主旨。在现实中,许多企业的企业文化更多的是出于企业决策者的价值观的演绎和解读,有些甚至与职业化和职业化思维背道而驰。当然职业化在每个企业应当有"具体体现",但职业化及职业化思维本身是有着"普适"通识的,其核心主旨并不应该因某个企业和老板的个人偏好而动摇。现实中在一些企业里,表面的文化和制度煞有介事,而深入了解之后,往往不过是老板们的家文化和个人口味而已,与职业化(思维)南辕北辙。这种情形有着它的历史原因和不可避免的过程性,并且我们相信总体趋势是朝着真正的职业化方向发展的。

　　事实上,绝大多数企业及其决策者,对于职业化的认识和重视还远远不够。因此一直以来,大多数的企业文化,在建立和制定的时候,并没有也不可能基于企业职业化管理体系建设要求以及员工的职业化发展需求而制定,而是基于现实的需要和有意无意/不自觉的探索,并结合行业和市场标杆,借鉴诸多优秀企业的一些成熟做法融合而成。我们认可企业在这一过程中所做的有益探索和已有成果,但还是希望企业能够对职业化有更全面深刻的认识,有意识地建设和制定更加科学合理的现代企业管理制度和企业文化。

　　职业化思维还体现在日常工作更多的细节中,包括特定环境下员工对待人、事、物的态度、看法和行为。

　　例如某公司部门制定了如下部门工作语言和人际关系要求,虽然并不是企业文化制度,但是在实践中得到了推广和巩固。

◈ 规范工作语言

　　规范的工作语言是工作中有效沟通的基本条件,"NO"列的用词不利于准确和有效地表达清晰的意思,在口头工作交流中应尽可能避免使用,当需要表达同样的意思时,可参考"YES"列的用词,这将有助于传递积极和易于接受的信息(见表2)。

表2　工作语言的规范化

NO（不允许说）	YES（可以说）
不可能	有可能
（我）不知道	我去问/查/找……
（这）不是我（们）的责任	我（们）的责任是
大概有（是）……	有（是）……
差不多（就行了）	可以/不行（Y/N）
基本上（做到了）	完成了/完成百分之几
这是你/他（们）的事（责任）	我们是有责任的
你打错了（电话）	你可以打×××或我给你转接×××
你们……	我们/咱们……
谁说的	为什么
这不归我管	我也有责任
没办法	怎么办

❋ 人际关系准则

1.同事、上下级之间不应借钱和无偿赠送任何礼品（如土特产、烟酒等）；

2.下级不应以任何方式和额度宴请上级，必要时，可实行"AA制"；

3.不应在当事人不在场的情形下，议论和评论任何同事、上下级的人品、生理特点和已得到处理的过失、错误；

4.任何时候不应炫耀、攀比个人消费行为，杜绝对任何同事、上下级个人消费行为的议论、歧视或取笑；

5.在办公区域及公司公共场所，不得有任何不文明、粗俗和带有侮辱含义的语言和举止，不得向任何同事、上下级以任何方式传递含有以上内容的资料和信息；

6.不应在办公区域及公司公共场所与任何同事、上下级发生恶意冲突、谩骂以及身体的冲撞，如打架、撕扯等；

7. 在未经对方允许的情形下,不应有意或故意接触任何同事、上下级的身体(礼仪性的握手、伤病搀扶、救护除外);

8. 同事、上下级之间应保持良好的、有益于工作的和睦关系,不应有过分亲热和密切的私人关系和行为,员工间的恋爱关系将得到充分的尊重,但当有碍工作的公平公正时,公司将做适度的告诫或工作调整,例如要求适度的回避。

这些看似有些僵化和不近人情(甚至有些别扭)的语言及行为规范,其实质是在贯彻职业化的思维方式,不说"不可能",而讲"有可能",是执行和解决问题的思维;不说"不知道",而说"我去问/查/找……"是主动的责任意识;不说"差不多(就行了)",而是说"完成了/完成了百分之几",是严谨和负责的意识。职业化员工的言行和他们看待一个问题的方法、角度和逻辑往往有别于非职业化者。他们的职业化思维习惯通过全方位的方式和途径自然而清晰地传递出来,直接作用于每一项具体工作和业务,同时也影响和感染周围的每一个人。

而行为规范的"僵化",本质上也同样是在塑造和传递职业化思维模式,这样的"僵化""不近人情",事实上从职业化的培养与发展来看也并非毫无建树。

曾一度登上网络热搜榜的中国工商银行发布《恪守异性相处尺度,拒绝职场"零"距离——致创研中心全体员工倡议书》的事件,引发了热议。

在用餐方面,倡议同事集体聚餐,避免异性单独约饭以及异性喂食;关于搭顺风车,倡议避免单独送异性同事或让异性同事坐副驾驶。

在同事间的闲聊中,倡议聊理财,避免谈论女性话题甚至吐槽自己的"另一半";在称呼方面,倡议跟随大家的叫法,避免使用与众不同的称呼甚至使用"爱称"。

在相处时间上,提倡避免团建时、下班后与异性单独相处;关于举止行为,还倡议避免异性过分亲昵或疑似亲密。

在这份《倡议书》的最后,创新研发中心团支部还做出如下总结:"'君子不镜于水而镜于人',身边人、身边事闻者足戒,希望大家高度重视并以强烈的责任感积极践行以上倡议,切实杜绝职场零距离,最大程度保障个人职业生涯和家庭幸福。"

倡议书引发网友热议,不少网友对这份倡议书表示支持,认为这是对女性员工的保护,避免职场性骚扰事件的发生。"许多单位的男性领导经常在工作场合或者吃饭时开黄腔,周围人碍于面子还要附和着假笑,在职场上就应该有职业素养,做职业的事就好。"

但也有网友感觉"很封建,像是回到了初中",并认为"不能'一刀切',男未婚女未嫁的时候,异性之间约饭没有什么问题"。

一些网友担心,这种规定对于守规矩的人来说是有效的,但是对本应该约束和防范的对象并没有太大作用。"连基本交往都被约束,让多数人心生芥蒂,其实对于工作氛围和效率并不一定有利。"

同时有不少网友质疑此举是否侵犯员工合法权益。也有网友认为初衷是好的,但有矫枉过正之嫌。

热议本身说明了人们对问题的关注,支持者与反对者各执一词,由于角度、出发点、立场各不相同,孰是孰非暂且不下定论。但倡议书内容本身的立足点是明晰的:希望通过对员工(全体)行为的约束和引导来保持员工职业化的、良性的工作关系。从这一点来说,这一举措对国内企业的职业化管理体系建设以及职业精神、职业化思维的推动有着积极的、建设性的意义。事实上,不仅仅是职场异性员工之间的言行应当有所规范,企业及行业中应该有更广泛的基于职业化思维的更多、更细致(而不是太多、太烦琐)的行为规范和标准(事实上在各行各业类似的规范并不少见),因为它们是职业化重要的体现和组成部分。管理过程其实都是细节,也只有细节管理才能达成高效管理。职业化和职业化思维的建设从某种角度看也是细节搭建的过程,通过行为及语言细节的规范和贯彻,更能直接有效地渗透思维模式与思维方式。

当然,为了细节而细节的形式主义和本末倒置的现象也应当警惕,不能认为把所有的语言和行为都进行"管制"就够职业了,那些真正有效的"规范",一定是经过细致研究、系统考量和严格挑选的,一定是基于对企业的深

刻了解和对职业精神、职业化思维透彻的理解基础上的精心设计与安排，而不是因果颠倒的作秀。

被称为"上海第一的哥"的臧勤在接受采访时，记者用采访录像向他展示了其他出租车司机们的苦闷烦恼（指标高、太累了、路太堵、吃饭没地方……）和工作压力后，问他："他们都为这个烦？你不烦吗？"臧勤的回答是："也——想过。"我们注意到他没有用简单的是/否回答。在谈到油价又上调，成本增加时，他说："我算过了，每小时增加了6毛钱成本，难度肯定会有；很多事情我们无法改变，比如说这个不合理、那个不合理，我们只能去适应它，怎么用积极的工作心态和方法，改变你自己去适应它……"当被记者出难题："前面车坏了，路堵死了，你怎么改变心态呢？"他的回答令人印象深刻："我经过精细的计算，我每天开十七八个小时，正常的马路上的红灯等候时间3~4个小时，这（堵车）不就是给你放松休息的？两肩下垂，自然放松，是不是很好地休息了一下呢？每工作几个小时给你1个小时的休息，是不是很好了呢？如果是堵在淮海路那就更好了，可以看看漂亮的橱窗、街景、雕塑呀，……这么多美好的事物……干嘛非要想着那辆坏了的车呢？"

臧勤是一位将自学的统计学、市场营销学、心理学知识用来开出租车的司机，他曾被世界500强企业邀请向高管们做讲座和培训。之所以能够被邀请，他的职业心态和职业化的思维恐怕是他被邀请的核心缘由。他所说过的："各行各业工作不同，但是（关键是）怎么样用科学的方法去工作，用什么样的心态去做，怎么样发现工作当中的美和快乐。"这句话就曾深深地影响到我和我的许多下属。

大多数人或许懂得如何享受生活的乐趣，但唯有职业化（思维）的人才能寻找到工作当中的美和快乐。心理学告诉我们，影响人们情绪和判断的是对事物的看法，看法不同，影响和结果就会不同，而决定看法的，往往就是我们所采取的思维模式。

我曾有一位新员工，他对所有安排的工作都乐于接受，并且从不抱怨，有人提醒他太勤快是犯傻，而且容易出错，得不偿失。当我在一次季度面谈

（我至少每个季度和每位员工面谈一次职业规划）中问到这种说法时，他这样回答我："我是新人，什么都不会，所以领导让我做的任何事，无论大小，都是我熟悉工作和学习提高的机会；领导明知我是新人，（有些重要的事）还让我去做，就是给我试错的机会呀；年轻人除了精力和时间，其实没啥本钱，不多干怎么积攒资本呢。就算公司最后没要我，我也不吃亏呀，我在这里的经历、见识和收获很大呀。"我对他后来的重视和持续培养，和他几年后的脱颖而出，不仅证实了他的优秀，也证实了我的判断。他不是不懂得享受和玩乐的人（他其实很爱打游戏的，水平也不一般，并且还很爱吃……），但他的思维方式帮助他在正确的地方把时间和精力做了正确的安排。

职业化第三个重要的组成部分是职业化技能，这里所指的并不是某种具体的专业化的职业技术和资质，而是一个人参与任何形式的社会劳动及企业工作，特别是在团体和部门参与合作过程中所必备的一系列基础性的、通用性的、能效性的综合技能。相对于人们最熟知的各种专业类和技术类的"硬技能"，我们称职业化技能为"软技能"。随着大数据和人工智能时代的到来，未来企业的发展必将是一个软技能逐渐替代和覆盖硬技能的过程。职业化技能是一个系统，包括沟通能力、审美能力、时间管理能力、情绪（压力）管理能力、演讲及书面表达能力、协作能力、计划及执行能力等七项职业化技能（见图4）。

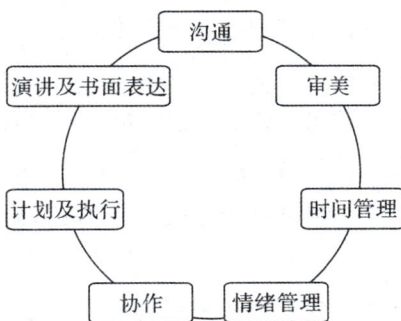

图4　七项职业化技能

这些能力和技能普遍适用于各类职业和岗位要求,它们相互影响、相互制约,以此可以构建出每个岗位的职业能力模型。但是因行业、岗位、环境的不同,各项技能的比重和具体倾向性在这个模型中是有差异的,这是职业化技能在现实中应有的存在形态。从根本上来说,对各项技能的持续提升是职业化员工终生的要求和必然选择。

沟通能力是首要的职业化技能,它统领和影响着其他能力。沟通是参与者彼此为了获得所期望的反应及反馈而相互传递信息的总过程。

"反应与反馈"是沟通的核心诉求,无论人们采用说、听还是观察的方式,其目的都是为了获取对方的反应或反馈。作为信息发出者,在他传出信息之前和过程中,意识或潜意识中对信息接收者将要给予的反应和反馈是有"期待的",这种期待包括认同、接受、采取行动或者是某种表情或感觉。例如当我问一名新员工"你觉得这个岗位(正在实习的)怎么样"时,我的心理期待可能是他向我反馈是否适合、是否喜欢该岗位,也可能是想听他取得的成绩和遇到的困难。但如果这名新员工的回答没有触及上述我所"期待"的内容,那么这次沟通或者至少是这次提问就是不成功的。

在当面赞美一个人的优点或者行为时,我们内心的期望可能会是对方的感谢、快乐、笑容、谦逊或者是他也给我们一个赞美,而当对方的实际反应出乎意料,完全不在我们的预期中时,场面就会陷入尴尬。为了避免这种尴尬的出现,我们就要注意自己沟通的方式,例如说什么、怎么说,包括时间、地点、环境、对象的挑选,甚至还要考虑到眼神、语气、肢体动作等。为了达到良好的沟通效果,也就是我们所期望的反应与反馈,沟通之前和沟通过程当中这些看似复杂的因素和过程也就变得非常必要了。因此沟通并不只是简单的说和听而已,而是一个以终为始的分析思考、关注观察、表达倾听并有效反馈的复杂过程。

除了有声语言,肢体语言在沟通中也起着至关重要的作用。肢体语言一方面是对有声语言的补充和强化,另一方面也可能会表达出语言所没有包含的信息,包括有声语言信息试图回避和掩盖的信息。肢体语言甚至已经成为一整套的"语言"体系,例如这些年颇为时兴的"微表情"就是其中重要的组成部分。作为同样有价值的信息传播方式,肢体语言的学习和运用是必不可少的。

在这当中,对职业化员工而言,正确和规范的肢体语言是首要的(见表3)。所谓正确性,在于符合公众及企业的要求和通识;而规范性,在于其行为标准和使用场景的合规。例如,银行窗口柜员及航空空乘服务人员的一举一动都是经过标准的训练和考核的,甚至对一些表情和语气都有要求。大多数企业的一般岗位并不会有如此"苛刻"的约束,但适合企业需要的行为规范和肢体语言规范是必要的,虽然这并没有一个刚性的标准,但基于行业和大众共识的肢体语言标准还是存在的,它是沟通水平的重要内容和标志。

表3 肢体语言基础规范

行为	规范/标准
站姿	挺拔中正,重心稳定,抬头平视,双手相扣或自然摆放
走路	抬头挺胸,直线前行,步伐有力,适度加快
坐姿	上身端正,两腿平行(男)或并拢(女),脚尖贴地
递物品	对上级/客户:双手(或示意),顺向对方递交 对同事/下属:接触到或落实再松手,动作轻柔
接电话	铃响三声内接听,先问候,再自报家门,完整听取来电内容,对上级和客户等对方先挂电话
言语	工作中应使用礼貌语句,中性反馈,非暴力沟通

倾听是高效沟通的关键。要做到倾听就要运用好思考和积极反馈。无论我们沟通的对象是谁,倾听都是非常受欢迎的,听是人的基本感官能力,但倾听并不是天生的技能,而是后天不断训练而来的,它与仔细、用心、认真听还是有很大区别的,作为沟通中最有效的获取信息同时也是很好的表达方式,我们更强调对倾听的重视与应用。

仔细听,是为保证信息的准确性而集中注意力于声音的来源;用心听,是着重于对信息的理解和体会的听;认真听,也就是专心听,是心无旁骛、排除其他一切干扰的听;倾听,是专注地听取信息,认同并通过理解和思考积极地给予对方及时的反馈。很显然，倾听是最高层次的听，是集成了前三种方式优点的最佳聆听方式。

职业化的工作方式需要我们经常要运用到倾听，因为在工作中所发生的沟通往往是至关重要的，无论是上下级之间、同事之间，还是与外部客户、合作伙伴的沟通，都需要保持积极、及时和准确，更重要的是这有利于维护和保持良好的人际关系以及工作的高效。因为绝大多数（至少 60% 以上）工作中发生的"问题""障碍"都是源于不良的沟通，而这其中，最主要的起因大多都是出在了"听"上面。许多人甚至都做不到仔细、用心、认真地听，更何谈倾听？因此，学习和训练听的能力，熟练地运用倾听技能，对职场人至关重要。

如上所述，倾听的关键在于积极地获取信息并思考和反馈。首先，不是被动地等待信息（无论是信息的量还是质），而是积极地提供给对方一个愿意表达（倾诉）的动力，这包括合适的距离和位置、表情（微笑）、接纳的姿态（目光、肢体动作）、开放式的询问、肯定的反馈（语言、非语言的）等积极的方式。其次，倾听者应当对所获得的信息快速地理解、分析和思考，从而在正确理解对方意思的情况下明确其直接和潜在的意图，也就是对方的真实想法以及可能关联到的其他信息。最后，在沟通的过程中和结束时，倾听者都需要给予对方恰当的信息反馈，除了为促进对方表达意愿的那些积极性反馈之外，也包括必要的表态、回复和看法。因此，倾听是积极主动的行为过程，而不仅仅是被动地听取。

有效表达是高效沟通的核心。所谓有效，即表达的效果（反馈），也指表达的内容和形式，也就是语言的组织和表达技巧。在工作中我们比较强调沟通的效率，也就是尽可能减少沟通成本，而提高表达效率是其中重要的一环，从最常用的陈述一个事件或者是问题来看，不同的表达方式产生的效果存在极大的差异。

陈述一个事件时，我们可以用这样的表达方式：

表达 1："（很兴奋地）您不知道，昨天现场有多热闹，您没在实在是太可惜了！最后的明星互动环节简直都要失控了，好多人没抢到签名照片都跟主持人吵起来了，嘉宾们也都很给力，发言特别积极，酒店经理还问我要明星的签名照,我说我也没抢到呢,她还让我去跟经纪人要。产品发布刚一结束,大家都冲上来领试用装和礼品,我和主持人喊了好半天才稳住他们,不然明星都没法儿上台了,幸亏昨天临时增加了保安,不然都控制不住。好多客户现场就交了订金,说这次新品肯定热卖……"

也可以采用这样的方式表达:

表达 2:"领导,昨天的新品发布会按计划完成,新品发布、嘉宾发言以及明星互动几个环节效果超出预期。由于气氛热烈,现场有过几次小混乱,但因为主持人很有经验、保安人员准备充分、酒店经理也很尽责,局面得到了控制,活动顺利结束。初步统计,现场 40% 客户签单,收到订金×万,比原计划分别超出 20% 和 25%。"

很显然两种陈述给听者(领导)的感受和结果是不同的:第二种方式条理清楚,逻辑清晰,重点突出,而且很少使用形容词、副词等主观渲染词汇。这是工作语言的基本要求和特点。

此外,工作中的有效表达还应注意以下一些原则和技巧。

1. 对事不对人

反例:"你怎么能用这种方法测试!"

正例:"你用的这个测试方法需要改进!"

原因:工作讲的是目标、方法、执行和结果,也就是解决问题,所要表达的应该是与问题解决相关的客观性内容;而针对人所谈论的大多是主观性较强的评价和判断,很难衡量和改变(比如性格、智力、阅历、生理特征/缺陷等),并且容易引发对抗与激烈情绪(这些主观性评价和判断往往触及个人尊严及自我认知,以及作为独立人格是否被认同,在社会群体中,认同感在一定程度上是生存底线)。

2. 多建议、少主张、少批评

反例:"你得在墙角装个梯子。"

正例:"你可以考虑在墙角装个梯子。"

原因:人归根到底是以自我为中心的,自主意识总是占据着制高点,因此,人对于批评和指责有着本能的敌对和抵制倾向。相应地,对于他人的建议会采取较为中立的姿态,当他需要或者认为这个建议有可取性时,甚至会表现得更积极一些。而对于来自他人的主张,虽不及对批评的排斥力那样强烈,但也同样可能条件反射般地想要拒绝。认识到这种心理模式的必然性,有助于在工作和人际交流中寻找到恰当的沟通方式。

3. 说事实和数据,少谈感觉,少做评价

反例:"(污水)泄漏得很严重,听说人都进不去了,整个地下仓库几乎都泡水了,损失惨重。"

正例:"(污水)泄漏了一个小时,已经派人维修堵住了,三分之一的地下仓库泡水约 10 厘米深,2 个货架受污染,初步估算损失 5000 元左右。"

原因:过多的评判和定性描述无助于对方获取客观和有用的信息,而事实和具体数据才是事件或问题的核心内容,对方可以根据你所提供的事实和数据做出自己的分析和评判。评价和判断只在需要时才有必要提出,而且对于看法和评价(喜好)的差别要有足够的宽容度,以及只基于事实和数据的审视和度量。

4. 少使用复句

反例:"2 组在 3 组自身任务紧急,但充分考虑到整体项目进度以及因 4 组的技术力量薄弱可能导致安全事故发生而主动向他们派出骨干人员予以协助的有利情况下与 4 组共同合作,赶在实验开始前完成了设备检验。"

正例:"2 组和 4 组合作,在实验开始前完成了设备检验,4 组技术力量薄弱,但 3 组派骨干人员给予了协助,3 组充分考虑了项目整体进度和安全事故的预防。"

原因:日常工作中的语言表达方式是为了有利于对方的接受和理解而非显示讲话人的"风格",简洁直白的语句是最好的表达,不应让语言成为信息传递的障碍和干扰。复句多用于文学、哲学、学术作品以及更多书面的、对逻辑严密性要求较高的研究领域。

5. 多用正面词句

反例:"这个(事)不归我管。"

正例:"这个(事)我去问一下由谁负责。"

原因:说"我们……"要比说"你们……"更易于听众接受,因为正面词句是从积极和乐观的角度去表达,而负面词句是从消极和悲观的角度去陈述;工作环境中我们需要尽可能地保持一种积极、乐观、宽松、向上的人际氛围。

6. 慎用术语(对非专业人员)

原因:与非本专业人员交流专业类问题,或者预判对方并不需要在严格的专业层面上谈论话题时,应将语句中的专业术语用通俗说法和概念表达,以保证对方能正确理解问题或话题内容,并以顺畅沟通为原则。

7. 言辞礼貌,尊重对方

反例:"×××,你给我到前台去取个订书机来!"

正例:"×××,麻烦你,帮我在前台取个订书机过来好吗?"

原因:俗话说,礼多人不怪。生活中如此,工作中也不为过。礼貌和尊重是人际交往良好的润滑剂,能极大地减少不必要的摩擦和负面情绪,同样的意图,礼貌和尊重的说法得到的结果往往更好。

高效的沟通还应当注意以下几个方面:

第一,保持双向沟通,而不是一味地单向交流。沟通的关键在于信息的传递与反馈,是双向交流,通过反馈才能了解对方是否理解和接受。因此,良好的沟通中要尽可能保持均等的机会和时间,大多数情况下,一边倒的单方面输出都是令人反感的。

第二,认同和赞美是沟通的助推剂。社会交往中人们最基本的需求是被他人认同(接受),而赞美是一种强烈的认可,根据需要以恰当的程度对他人的言行和表现给予认同和赞美,将极大地促进在沟通的过程中产生好的效果。

第三,尊重与平等是沟通的基调。无论身份、职位、地位、名望差异多大,人与人之间在沟通中都应秉持着最基本的相互尊重以及人格平等。利用职权或地位的话语权试图占据沟通中的所谓"优势"的做法,只会获得自我优越感和更多的感知偏差(自以为是),其对沟通效果的影响往往是负面的。

第四，主动沟通，赢得人脉。当工作中发生任何困难和障碍而需要沟通时，无论职位高低、资历深浅、责任大小，能主动前去与对方进行联络和探讨的一方无疑是值得肯定的；那些自认为占理、责任在他人而被动等待别人"行动"的人，其实是在放弃赢得宝贵人脉的良机，许多人就是这样赢了事理、输了人脉。

第五，谨慎地建议与批评。建议虽然宝贵，但常常"供过于求"，我们在对方真正需要帮助时给出的建议会显得及时和受欢迎，而一厢情愿的"好心"却未必会让人领情，建立在了解对方需求基础之上的建议是令人钦佩的。至于批评，需要比建议更多一些的度量，除非必须和值得，应尽可能采用其他方式代替批评。批评人要慎重而且遵循以下原则：就事论事（限定于错误本身）、一对一（避开第三方）、对事不对人（不涉及人品）、认错即止（批评的意义仅限于此）。

审美能力在工作（生活）中的作用和影响长期以来被严重忽视，以至于许多人意识不到它的存在。很多工作的过程和结果常常令人失望和沮丧，而且似乎很难找到原因所在，在努力、辛苦、认真、专业、经验、协作这些因素都满足的情况下，许多事情的结果却还是难以令人满意，似乎无论再怎么做，也就只能是这样了。那是因为我们欠缺了一种影响工作（产品）价值增值的决定性因素——审美。

审美是人类理解世界的一种特殊形式，指人与世界（社会和自然）形成一种无功利的、形象的和情感的关系状态。审美是在理智与情感、主观与客观上认识、理解、感知和评判世界上的存在。审美就是有"审"有"美"，在这个词组中，"审"作为一个动词，它表示一定有人在"审"，有主体介入；同时，也一定有可供人审的"美"，即"审"的客体或对象。审美现象是以人与世界的审美关系为基础的，是审美关系中的现象。

审美是一种肯定式的、交流性的、以愉悦为目的的感知世界的方式。审美是通过全部感性能力对对象进行感知，并以生命体验为基础，通过交感反思获得反思愉悦的过程。

不仅仅艺术与美学需要审美能力,工作中也需要一定的审美能力,这也是在资源、技术、设备之外最重要的因素——人的重要差别之一。同样的工作或是作业,不同的人做出的成果会不同,其中有些差距很显然是非技术性的。

很显然,这不再是专业或者技术上的差距,而是源于两个操作者各自头脑中对于这项工作所要达成的结果的"美感标准"存在差异。所有的产品和服务最终都是要提供给具体的消费者(人)的,在提供或满足人对产品和服务的预定功能和需要的同时,也会产生价值感和美感方面的影响,所以在产品及服务的设计、生产和交付过程中也同时伴随着价值感和美感的创造与传递(见图5)。实用与美并不天然矛盾,自古以来,人们始终都在追求两者的协调与统一(见图6),随着社会的发展和进步,人们对美的要求甚至会更多、更高一些。因此,也就对产品和服务的提供者们提出了更高的审美要求。

图 5　机房里的布线

图 6　唐代·镶金兽首玛瑙杯

更重要的是,员工的审美能力不仅仅会影响消费者及客户的感受,对于职业化员工的养成来说,或许它的意义和作用更为突出,我们将其看作是极为重要的一项职业化技能,它明显地拉开了员工之间的层次和差距,这不仅仅表现在具体的产品和服务上,还体现在员工气质形象、行为举止、工作环境、人际关系以及消费支出等各个方面,进而影响和制约企业管理水平及员工关系。审美能力及水平已经不仅仅是员工个人的特征与偏好,而是职业化程度的重要标志和必要组成部分。

既然是审美,也就有着文化、制度、民族以及地域特征的差异,即便是在同一地区同一行业,不同企业和环境下对同一项工作的审美要求也是有差别的。但关键问题在于员工在工作中是否具备这种意识以及其审美能力(水平),是否匹配该工作对美的需要程度,现实情况往往是审美意识的缺乏和审美能力的低下。也许有人会说这是"吹毛求疵"或者"小题大做",但我们在工业设计、功能研发、人性化设计以及精益生产等方面与发达国家存在的差距绝不仅仅是先发达与后发展、产业层级或者是"注意力"的问题。大家可以去博物馆走一走,我国的历史文物中就有许多至今都无法复制的绝世精品,无论其设计还是工艺水平,都蕴含着高超的审美意识(见图7)。

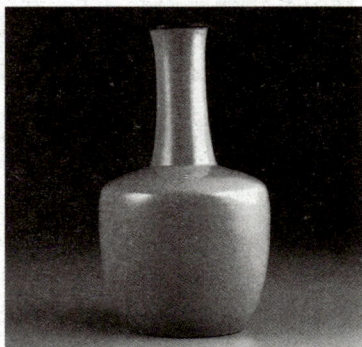

图 7　宋代·汝窑青瓷奉华纸槌瓶

审美能力的培养与提高，与其他技能的习得并无太大的不同。首先是要寻找到美的所在，通过广泛的学习、观摩和对比，找到"优美"的事物并去了解它们，这就是为什么我们需要尽可能多地增长见识和阅历，坚持阅读和学习，包括参观、走访和培训。其次是要去"审"，也就是去分析和思考，找到之所以美的原因（规律），通过深入地理解和研究领悟美背后的成因（为什么这就是美的，它是如何形成的）以及相关知识和技能。然后去实践，在工作（做事）中去大胆尝试、模仿和练习。我经常鼓励我的下属们，并努力为他们寻找（创造）更多的外出学习、培训、参观机会，提示他们广泛地吸取所有好的经验与做法，包括那些看似形式上的、仪式感强烈的新鲜事物。这对他们产生了明显的影响，他们从言谈举止到气质神态，以及工作方式和呈现方式都逐渐地发生了改变：他们越来越彬彬有礼、神态端庄、稳重大方、坦然自信、言语柔和、谈吐不俗；他们把公司各类培训会场布置得越来越专业、精细，会议的流程和主持越来越规范有序，正式文件会附上规范的 logo 和精心设计过的封面，文件内容字号统一规范、易于阅读，表格、图示设计突显美感……公司的内训师们经过方式多样、持续不断的学习、交流和观摩，其授课从形式到内容都得到了不断的提升和优化，显现出更高的专业度和更鲜明的职业化素养，令受训员工们耳目一新、钦佩不已，这也极大地增强了讲师们的自信心和自豪感……客服部的员工们持续不断地完善和优化客服流程，学习先进的客服理念和工作方法，提升服务、调研、分析技能和水平，提升接线人员沟通技巧……员工审美意识和能力的提升，直接受益的是企业和客户，但最终、最大的受益者是员工自己，这可以帮助他们当中许多人成为未来各自领域中的佼佼者。

时间管理能力是职业化员工一项标志性技能。时间观念强，善于时间规划和控制，能高效地利用黄金时间是这种能力的重要特征。时间的不可逆性、有限性和刚性使得它成为职业成功无法回避的苛刻条件。绝大多数人的每一种"遗憾"几乎都与时间的失控紧密相关，我们不是对浪费时间惋惜就是对"时不我待"感到无奈，当我们回首过往，难免会深深地自责于没有

能够"正确地"利用好有限的时间,太多的"时间错配"只会留下无法挽回的"失去"和"错过"。

做好时间管理首先要树立正确的时间观念,将时间当作资源来看。资源是稀缺的也是可以被开发和充分利用的。珍惜和重视时间,哪怕是零碎和短暂的时间,这些时间都可以被合理地利用来做有意义和有价值的事情。养成不浪费时间的习惯,也就是养成了珍视时间的习惯。此外,利用和计量时间的单位要尽可能小,比如谈话用5分钟、开会用18分钟、提前2分钟到、跑步30分钟、休息3个小时等,因为过度宽松的时间标准极易造成时间的浪费。

其次要有明确的目标。因为从某种意义上来说,没有目标的人是不需要时间管理的。作为职业化员工,工作生活中充满了目标,因而时间管理就显得更为重要。时间管理的意义在于将什么样的时间和多少时间用于怎样的目标,对目标的实现没有帮助的时间消耗就是浪费时间。做时间管理的目的就在于将最有效的时间用在所要实现的目标上。

再次是时间的高效分配。因为时间是有限的,目标是具体和多样的,那么高效合理地给各个目标分配时间,减少时间的错配和无意义的时间消耗,就是时间管理的技术和工具性问题了。计划表、日程表、闹钟、工作进度表、倒计时法以及时间管理ABC法等都是可以选择的。关于时间管理的方法有数十种之多,也有许多专门的书籍可供参考,这里不也再赘述。

最后是树立行为准则(习惯)。坚定的行为方式,也就是具有约束力的行为准则,能够保障时间分配方案和计划实现。必须克服懒惰与自由散漫,任何时间限制上的放松和随意都会蚕食我们的计划和目标,导致半途而废或是事倍功半。比如我们应该充足睡眠,而不是睡懒觉;应提前到岗而不是慌张打卡;应做事专注,而不是三心二意。这里示范一些可供借鉴的时间管理行为习惯(见表4),当然我们不建议盲目模仿,每个人要根据自己的实际情况,采用符合自己条件的可行的方式方法,制定合适的计划和目标,更重要的是坚持!

表4　时间管理行为规范

行为	意义
制定明确的目标和中短期规划	促进自觉时间管理
将时间安排精确到分钟	珍惜时间,避免浪费
工作分清轻重缓急	合理利用时间资源
使用备忘录、行程表、清单	高效辅助时间的分配与利用
充分利用零碎时间做有用的事	充分发挥时间的最大价值
回避无意义的应酬和聚会	珍惜自己宝贵的时间
训练模拟推演时间进程能力	提高时间的支配和利用能力
定位存放,减少查询时间	找东西的过程就是时间的浪费
规律作息时间,形成自律	自我管理源于自律

　　现代人生活和工作中总是充斥着各种各样的压力,情绪问题时不时就会跳出来困扰我们,大多数人都了解情商(EQ)的重要性,职业化员工自然应当率先争取成为情绪管理的高手。精神心理健康与身体生理健康对我们来说都同等重要,情绪压力的管控能力和其他所有专业知识、技能一样需要学习并熟练掌握。而解决情绪压力问题,根本上是要靠当事人自身的意识、信念和控制力,当然必要时也必须寻求专业人士的支持和帮助(包括心理医生和心理咨询师),重视心理健康和接受心理疏导应当成为人们生活中的常态,这是社会健康发展的必然和需要。一个无法控制自己情绪、不能面对和克服压力的人大概率会成为一个碌碌无为、平庸俗套,甚至危害他人的人。

　　演讲及书面表达能力的重要性在现代职场正显得越来越突出。这个能力可以通过经常练习来培养,也可以通过短期强化训练的方式快速提高,当然要娴熟地掌握并运用自如,就需要通过不懈的历练和坚持。演讲是面对公众进行自我或工作方面的口头展示,书面表达则是以文字图形方式展现

有价值的内容,这类技能在信息传播日益盛行的当今已经变得越来越重要。我们自身的实力和工作成果虽然是客观实在的,但在需要展示和传播的时候,也就是在特定的场合下,我们需要获得那些至关重要的人物或组织认可的时候,机会和舞台是非常宝贵的,展现的结果和成效很大程度上依赖于我们的这种实战性输出能力的高低。多年来我们注意到,那些"能干会讲"的人在企业中总是更容易获得更多的机会和更好的资源,而那些踏实肯干但不善言辞,疏于总结和传播的人却经常被人忽视而郁郁不得志。不仅如此,那些具备实干能力但不善于表达(总结)的人,即便是得到了重视和提拔,他们在更高的岗位上的表现和成就仍然无法突破自我的限制,乏善可陈。因此,从着手工作的第一天开始,就要珍惜每一次语言或文字的输出机会,潜心历练才是不二选择,实际上,"台上一分钟,台下十年功"并非夸张之辞。

　　协作能力可视为职业化员工一项宝贵的优势。现代企业生产经营和管理对于个体间的协作要求日甚一日,因为工作标准在不断提升,工作的复杂度和分工不断加强,岗位及职能之间的协调变得越来越重要。而合作的重点和难点就在于个体间的协作意识和能力。协作的关键在于"协",这里需要强调的是"妥协"的"协",也就是在合作中善于做出有原则的、灵活的让步,而不是简单的"1+1=2"的加法式合作,现实中不包含妥协成分的合作几乎是不存在的。能够意识到合作中的这种不可避免的必要的让步与自我调整的重要性,为了共同的目标,充分评估双方的实际情况和自身的实力,做出合理而必要的"忍耐"与"退让",甚至能承受一些委屈,或多承担一些责任,从而发挥双方的优势组合,高效、高质量地达成目标,是协作精神的集中体现。然而,现实工作场景当中,这种精神和能力却是普遍匮乏的。在有些人看来,与人合作意味着"自己能力不够",妥协则表示"自己的软弱",一些人个性的极端彰显造成他们容易错误地认识和看待社会和他人,但企业不接受这种错误的存在,作为分工明确、讲求流程与效能的现代企业,必须依赖于组织中个体间高效的协作来实现其目标和价值,不善于协作的人是难以在企业中顺利发展的。

计划及执行能力作为职业化能力的标志之一,普遍体现在日常工作及经营管理当中。有效的计划是在明确既定的工作目标前提下,找到实现目标必须解决的相关问题以及问题的根源,从而分解目标,选择行之有效的措施和方法,并整合可利用的相关资源,设定工作的步骤和程序,以及时间安排并形成整体方案的过程。这是一个复杂的分析判断和设计过程,要求我们具备较为全面的工作能力以及对工作较高的整体认识水平,当然还包括比较丰富的经验积累。作为一项工作技能,计划能力同样是可以通过大量的练习和实践来不断提升的。

执行是将计划或任务通过行动转变为优异结果的全部过程。执行就是要追求更好的结果,要达成这个更好的结果依靠的却是"完美"的过程。这里所说的"完美"包含着以下几个方面的要求。

第一,结果意识以及以结果为导向的工作标准。在这里评价工作好坏的要素里不再包含"尽职尽责""辛苦努力""完成任务"这些在通常意义上的评定依据,因为没有结果,一切是归零的(甚至是负数,因为成本已经沉没)。

第二,细节意识以及精益求精的做事风格。"细节决定成败"大家已经耳熟能详。关注和重视细节,发现和把握那些关键性的有价值的细节,并创造性地提升和完善这些细节,从而形成价值增值及附加值。工匠精神和精工细作在这里得到验证和凸显,它们是执行力的有力保障。

第三,标准及流程意识的水平。高效的执行离不开清晰的标准和科学有效的工作流程。精确合理的标准为所有的操作和行为设定了边界,从而保证结果的精准度。科学合理的流程则是工作顺畅进行的有力保障,流程的价值和意义在一定程度上可以大大降低管理的成本和难度,因此有着"用流程代替管理"的说法。

第四,成本及效率意识。好的结果并不意味着不计工本的投入,包括时间成本控制在内的精益化生产始终致力于减少各类有形无形的浪费。这种意识和能力在执行力的构成中始终占据着极其重要的位置。

没有完美的计划，但却可以追求完美的执行，计划都是通过执行来实现的。不断制订可行的计划，并通过高效的执行来达成结果，这是职业化员工职业生涯中贯穿始终的行动模式。

以上七种职业化技能相辅相成，共同构成职业化技能的坚实基础，是职业化员工，尤其是中青年员工不可或缺的能力。它们都是需要通过较为长期的、持续不懈的坚持和系统的学习、培训和实践来不断积累和完善的。

职业精神、职业化思维与职业化技能共同构筑成职业化的素养系统，在这样三位一体的内在动力与综合技能的相互促进下，才能最终在个体身上展现出现代企业优秀人才的核心价值和竞争力。职业化既是当下和未来很长一个社会发展阶段个人职场生存竞争的核心所在，同时也是现在和今后企业持续发展、基业长青的根本所在。

• 职业化与工匠精神

提到职业化，包括职业精神、职业化思维和职业化技能，就不得不谈到"工匠精神"。近十年来，工匠精神（也有人称作"匠人精神"）随着国家的提倡和社会的大力宣传，已经广为人知。各行各业也涌现出大批的模范代表，典型如《大国工匠》中所展现的令人钦佩鼓舞的楷模典范。然而对于到底什么是工匠精神？它从何而来？该如何塑造和培养？似乎许多人又多停留于意会和描述，更重要的是，这种工匠精神的代表又都显得那么独特，似乎都无法复制，而我们的企业恰恰又急需"大量的卓越工匠"。从对诸多典型案例的分析来看，似乎当下的工匠模范并不明显区别于一直以来我们大力褒奖的各类"劳动模范"的标准和要求，甚至给人一种"只是换了一种说法"的感觉。

事实上，工匠精神也好，匠人精神也罢，都只是一种表现形式和结果，其内核就是职业化精神。我们所发现和推崇的那些典型工匠们，几乎都是在特定的企业和生产生活环境中，自觉或不自觉地培养和塑造的，进而在各自岗位和行业中出类拔萃，创造并实现了个人的价值，最终被赋予"劳动英模"或是"工匠大师"的光荣称号,无论从过程还是结果上看,其实并无本质的不同。因此,职业化才是工匠精神的根基,如果我们深入研究会发现,某些缺乏职业化精神和素养的所谓的大师、工匠,本质上往往只不过是些"熟练工"而已,虽然我们说熟能生巧,但"巧"并不足以上位至精神境界,正如将古文经典倒背如流者未必可称为国学大师一样。过度追求表面的浮夸和数量规模,带来的往往只会是能不适位甚至是德不配位的尴尬局面。

更关键的是,工匠精神不应只停留在极少数大师或典型身上,就产业升级和企业发展的实际需要来说,广泛存在和普适于绝大多数企业员工(干部)的,可复制、可持续的工匠精神才是企业最紧迫、最渴望的现实需求,而职业化及职业化体系才是从根本上解决这一问题的出路。

这同时也就揭示了另一个令人困惑的问题,尤其对于企业中的青年员工而言,很多企业在对优秀员工的培养和人才梯队的建设方面可谓竭尽所能,常抓不懈,投入巨大,但却收效甚微,青年员工的参与度和人才成长的实际状况都不容乐观,其原因就在于无根之木难以成活、无源之水难以为继,而这个根和源就是职业化意识和职业化素养,以及企业中的职业化氛围。

近年来许多企业都在大力推行"师带徒"的人才培养和技能传承计划,这本无可厚非。然而,深入一线,与广大青年员工坦诚交流,与各类"师傅"们直面沟通之后,许多困扰他们已久的问题就会显现出来:为什么徒弟们不爱学、不积极、不主动?为什么师傅们会抱怨、会无奈?为什么会"有师徒之名分,无师徒之情分"?仔细分析后不难发现,缺乏职业化素养的内在支撑,令师傅们缺乏了除资历和经验之外的职业魅力和感召力,也使得徒弟们缺失了"之所以要学"的持久内在驱动力和长远目标指引,丢掉了灵魂的师徒制也就难免流于形式,因为只有以职业化素养(精神)为基础的人才复制和传承才可能有真正的"师带徒",而职业化成长的员工会"无师自学,有师必求",职业化的职场精英则会"言传身教,乐于育人"。

　　职业化的规范性和可复制性为大部分员工的学习和成长提供了可靠依据,也符合现代企业经营管理和人力资源发展的规律。具备高度职业化素养的员工与具体的岗位和专业深度结合,就能够演绎出大量在各个岗位上独领风骚的大师和工匠。

职业观与工作认知

· 我们为什么要工作

对于为什么要工作,这个问题的答案似乎非常浅显——为了生活,这是从消费的角度揭示了工作与生活之间的最直接联系。但如果我们仅仅将工作看作为生活筹集钱款的一种手段,那么工作就会逐渐成为一件极其痛苦的事,而我们相信工作还有着更为丰富的人生意义和价值有待人们去发现。经济学上将工作称为就业,也就是从事一种社会工作并从中获取一定的经济报酬,获得报酬是工作最基本的目的和属性,但不是全部意义。从社会经济学角度来看,工作会影响个人收入及消费、企业劳动力供给、社会产品和服务的增加。可以说对于一个社会经济体而言,工作至关重要,就业率更能反映出经济的活跃程度、企业的健康状况以及社会消费总量的变化和水平。那么对于个人而言,工作的意义甚至更为重要和丰富。

首先,有一份工作(暂时先不考虑其稳定性、收入、性质、行业、社会地位、体面、成就感——这些都非常重要并且对每个人影响深远)是个人获得社会独立性的重要标志。试想一下,一个没有其他保障条件(充足的积蓄、受人供养、父母庇护、福利赡养等)的无业者或是失业者在这个社会中所面临的处境和可能的境况会是怎样的?

一想到我没有工作了,整个人一下子都空了,有些惶恐和莫名的担心,我想那是焦虑感;父母是普通人,供我读到大学毕业他们竭尽全力了,

所以我必须自己养活自己，更没有其他任何依靠了。所以我必须尽快找到新工作。

——一名刚刚失业的年轻人

人并非天生就想要工作，而是选择要工作，也就是说参与工作是融入社会的途径，是一个人社会化的重要方式。如果一个人不想脱离社会、不想被社会边缘化，那么他必须选择工作（当然可以选择多种不同的工作方式），并且以认真的态度和高度的责任感投入这份工作中，而不能抱着敷衍的心态参与而已。

其次，对于我们绝大多数人而言，都需要有相对正式的工作作为安身立命的保障，然后在这个基础上去构建生活的其他部分，并且几乎所有这些部分的建设及其质量都极大程度地受到个人工作状况的影响和制约。这就是"经济基础决定生活质量"。经济基础和生活质量二者不是简单的因果关系，工作的情况会以复杂而深刻的方式渗透到我们生活的各个方面，甚至会制约生活中的许多关系。工作的稳定性、收入、性质、专业、社会地位、成就感这些方面对人们具体的生活活动会有直接而深刻的影响和制约。例如，公务员与销售员、老师与理发师、护工与木工，当人们将不同的工作提起来的时候，立刻会产生一系列的联想和心理反应，主要是差异性与各种对比，以及由此而引申出的更多更复杂的判断和反馈，我们无法回避不同工作带来的现实差异性，尤其是收入和工作环境。

在这里，工作收入的确不低，就算在沿海城市也算是中上水平了。工作自然也很稳定，不会有太大的竞争存在。生活很轻松，也可以说很安逸，住房当然也没有什么压力，不像在一线城市那样疲于奔命。但是孩子的教育问题是个大问题，很多家长都把孩子送到南方大城市去念书，有的甚至从小学开始就出去读书了，我们也明白这对孩子的成长和家庭关系有影响，可是这里的教育水平就是这个样子，没得选择；这里信息自然会相对闭塞，与外界交流机会太少，孩子对很多东西不接触、不感受是不可能理解的，这也是无法避免的损失。日常生活真的是平淡无奇，一成不变，十几年都不会有任何变化；人和人之间没有什么可比较的，大家反而很平等，因为彼此情况都一样，没有太大的不同。圈子太小，你无论走到哪里几乎都会碰到单位里的人，人际关系也就变得很微妙。你选择了这样一份工作，其实也就选择了这种生活方式，甚至是决定了你的人生轨迹……在这样的环境下，想要有所改变和创新，反而是要克服极大的阻力和困难的，而且成功的可能性也微乎其微，所以他们能取得这样的成果（某青年班组获得集团公司创新管理一等奖），我们都非常地钦佩，真的太不容易了。

——西北腹地某核工业企业部门负责人谈创新

工作的稳定性并非无关紧要。虽然稳定性并非职业发展的必要条件，但符合规划需要的稳定性是职业成长所不可或缺的。就如同时间是诸多事物之所以能够得以成就的决定性因素，如种子发芽、作物的成长到成熟、鸟类的孵化，虽然可以借助于各种手段去影响和改变它们实际需要时间的长短，但时间和周期的问题仍然是必须加以满足的，而且非必要情况下，我们并不提倡使用那些手段。许多工作的阶段性成果离不开相对的稳定性。例如，我们会建议职场新人的第一份工作能够保持 3 年左右的时间，原因之一就在于这 3 年是一个年轻人完成社会化角色真正的转变所必需的周期，也是奠定年轻人行业认知和业务基础的过程。这一基础的质量和状况，其真正意义和巨大价值或许要到数十年之后才会被充分认识到，就如同在婴幼儿 2～8 岁之间宝贵的成长期，在这个学习语言和数学能力的关键阶段所受到的启蒙及其积累，对他之后的数十年成长甚至整个人生所产生的巨大影响那样不容忽视。在之后的职业发展和规划中，每个阶段的稳定性同样不可忽视。同时，工作的稳定性对于个人职业本身及其生活方式也有着关键性的影响，如专业积累、社会资源、婚姻家庭以及子女教育等。因此，基于职业规划的稳定性是应该受到重视的。

工作收入对生活的影响更为直接。收入作为就业的基本选项，同样值得关注和定义。其关注点在于收入的合法性、薪资水平、满意度等，一份收入令人不满的工作很难满足其他什么需求了。而如何定义这个满意度并不是一件简单的事情，也绝不能从收入高就满意这样片面的角度去下结论,在一个公允的收入基准(基本生活保障或行业平均水平)以上的不同薪酬层次上,满意度都是相对的概念,存在极大的主观差异和地域差别。同样一个人,在二线城市及一线城市做同样的工作,收入会有一两倍甚至更大的差距,但很难说他对哪一个收入更满意。小县城的公务员和深圳的程序员谁对收入更满意,甚至谁的幸福感更高经常会成为一个争论不休的话题。

这种满意度的相对性受到诸多客观及个性化因素的影响,但又是所有人都会去考虑和寻求定义的问题。最关键的是以什么样的评价标准来衡量人们对一份收入满意与否,这并没有一个确切的公式或者是测算表,而且许多行业的人往往是"被动满意",也就是出于接受现实而并非由衷的满足,或者只是"没有不满意"而已,这时候人们对于收入的"感知"开始减弱甚至消失,取而代之的是其他的条件和因素,比如稳定有保障、体面(之后还会谈到)、生活便利、人际关系……因此,对于这个以相对性评价为主导的问题,职业化员工,特别是年轻的职场伙伴,大可不必太过于关注,而应该将注意力尽快转移到其他更有价值的问题上去。

其实在一开始,大部分人对这个收入是不愿意接受的,情绪也都很不稳定,甚至很浮躁,但说实话,在这样的企业,大部分人是因为没有更好的选择和办法……我可能跟大家有所不同的是,我很快就转移了注意力,因为我并没有决定要离开,所以我开始关注大家无心关注的事情,比如这个工作和专业我很喜欢,有很多有趣的事情吸引我去尝试,甚至有些事其实我(们)是能帮上忙的,于是我很快就忙起来了,而且也不再去想钱的事了,几个月下来,自然也就发生了一些变化:工作上的变化,我自己的变化,队长和老员工们对我的态度变化。我参与了两次技术改进项目、一次突发事故抢修,试验上几个老问题也陆续被我解决了,公司给了我表彰和奖励,我找到了工作的那种状态,好像一下子感觉工作特别有价值。

——某建造企业项目部试验班组长

工作的性质各异。工作性质并不能简单地与专业性质等同,而是主要从职业性向角度考量。不同职业性向的工作,其从业要求和发展路径,以及成就表现形式都是有所不同的,有些方面甚至是相互排斥的(见图8),因此选择符合自己职业性向的工作至关重要,能够获得这样一份真正适合自己的工作,大家也应当加以珍惜。

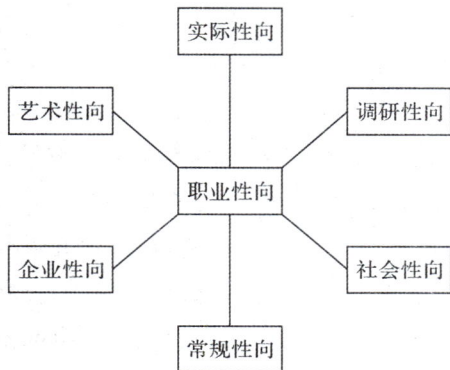

图 8　职业性向分类

所谓职业性向就是综合了性格、知识、技能等因素,能够充分发挥个人潜力和禀赋,与个性及职业最匹配的,最容易取得最高层次成功的职业选择趋势与方向。具体分为三个层次,包括去向、取向和趋向,盲目的选择叫去向,主观的选择是取向,客观的选择为趋向。人们依据职业去向择业的最大问题是盲目性,基本上是完全受外力驱使被动做出的选择,很少匹配自身因素,成功率极低;依据职业取向择业的特点是主观性,基于不充分和模糊的自我认知,偏重于个人喜好和判断,缺乏可持续性,难以取得较高层次和持久的成就;根据职业趋向择业具有客观性,现实中只有少数人达到这个层面。基于对自身的深刻认识,发挥个性与潜力的优势,建立明确而坚定的个人价值趋向,这样的职业选择与规划,是获得职业最大成功的强有力保障。

很显然,客观的价值趋向性是职业选择和决定最终成就水平的关键因素,也就是说,对职场新人而言,职业选择更多地要从价值意义的追求而非

功利和对潮流的追逐出发。

如果人们因为盲目选择，或者是不了解自己的职业性向，选择并从事了不适合自己职业性向的职业，就会发生职业错配。职业错配类似于资源错配和战略偏差，会造成巨大的、甚至无法扭转的困难局面和方向性错误，会消耗一个人大量的时间和精力在无意义的抗争上，许多人的职业生涯都是在无奈、迷茫、无趣和压抑中度过，甚至整个人生的大部分时间都郁郁不得志，这往往就是根源于这种错配。

当然，并不是每个人的第一份工作就是最理想的，职业探索的一个核心目的就在于不断寻找适配的职业（行业），现实中也不乏从职业错配中扭转局面甚至取得成功的范例。但这并不意味着职业选择可以随意或任性而为，那种"先就业、再择业"的草率方式实不可取，要知道"改弦更张，扭转乾坤"绝非易事，那些为数不多的改行者也并不潇洒。在整个转变过程中，你需要重新开始对自己的职业性格建立清晰准确的认知，对行业进行深入地了解。坚持不懈地实践与尝试，持续有效地学习和创新都是必不可少的、无法回避的，职业转变你所要付出的努力或许是成倍于他人的努力，同时，恰当的机遇也不可或缺。

专业属性则拉开了人与人的认知差距。俗话说"隔行如隔山"，从事不同的行业，哪怕是性向相同，身在不同的行业环境中，尤其是在不同的专业知识、技能和思维方式的限定下，人们的认知也存在极大的限制和区分。同是研究性向的工作，机械设计与经济学的专家们坐在一起往往无话可谈；同是艺术家，舞蹈家与画家有时候也很难谈得很投机。因此"圈子"的存在是必然的，虽然相互会有些交集，但工作的专业领域很大程度上限制了人们的认知范畴和行为方式。意识到这种相关性，有助于我们解释一些看似"莫名其妙"的疑惑和现象，也有助于我们建立和维护更加和谐的人脉关系。

很多职业的实力往往被低估，就如同另一些职业的体面性被高估了一样，这对于职场新人来说是一个值得审视的提示，至少不能"望文生义"和想当然地看待一份工作，而是要多一些了解和考虑。

工作的体面与否对生活品质的影响不容忽视。体面是个既浅显又晦涩的判断,从最显见的层面上看,体面是很直观的:优美的办公场所环境、先进的设备工具、轻松的工作方式、可观的收入、光鲜的衣着、优雅的举止……从另一个角度看,体面又很有内涵:敬业、有成就感、受人尊重(广义的)、热爱、自信……无论哪一种体面,主观的认知是其核心,也就是选择认同的方式。最重要的是,体面的工作会带给人们更多精神层面的满足感和激励,这也是影响人们择业时判断取舍的一个重要心理因素。最关键的是,一份工作的体面与否很大程度上是受人们的价值观影响的,而伴随着价值观的多元化,不同的人对体面的定义和评判也不同,即便是同一种工作,有的人会认为很体面,而有些人则持相反的看法,而且人们的看法还会随着时代和环境的变化而发生改变。

工作的成就感影响自我价值感的形成。工作中的成就是我们获得价值感的主要方式之一,这一点也成了人们选择和评判职业的重要依据。而工作的成就感是个人努力与工作属性以及平台(企业)资源相互作用共同促成的,因此,在投入工作之前,人们会审视这个平台,也会因其潜在的价值大小而做出取舍。什么样的企业及工作平台更有助于价值实现,我们需要考量哪些方面的因素?一般地,专业领域、资源配置、管理方式、经营理念、企业文化、企业战略都起着主要作用,因此,有价值感的工作并不容易获得。另外,工作的价值感更有赖于从业者的主动性,也就是发现和创造价值的能力,而这方面的空间和可能性要广阔得多。事实上,这也正是对工作的认知中最核心的部分——有所作为,当环境和条件看起来无法提供什么有价值的可能时,通过自身的改变和努力,去发现和创造工作中隐含着的意义和价值,这本身就是最有成就感的事情。

在荷兰,有个很著名的人叫列文虎克,他是巴黎科学院院士,初中刚毕业后他在一个小镇找到了一份门卫工作,他在这个岗位上一干就是60年。在这个清闲的岗位上,他没有悠闲,而是选择了打磨镜片,一磨就是60年。他是那样的专注和细致,他的技艺超过了专业水平,磨出的复合镜片的放大倍数比专业人士都高。借助于研磨的镜片,他发现了当时人们毫无察觉的

另一个广阔的世界——微生物世界。列文虎克的工作再平凡不过了,可是他并没有因为这是个平凡的工作就安于现状,不然他怎么会发明世界上第一台高倍显微镜。

工作的成就感终究是靠自己做出来的,而不在于一开始它看起来有多大的"潜力",能看到的那都不过是他人已经达到的结果,而非属于自己的成就,无论从事怎样的工作,只有牢牢抓住工作的根本意义——创造价值,有所作为,坚持不懈用充沛的热情去发现和开创工作中蕴藏的那些,哪怕是微小的价值和意义,通过自己的智慧与付出赋予它们丰富的内涵和意义,你就能从平凡走向不凡,从寻常迈向卓越。

肖林春,35岁,中共党员,大专文化,1999年参加保安工作,现任广东省广州市海珠区保安服务公司驻瑞宝街保安中队中队长兼团支部书记。2001至2010年他连续9年被广州市公安局保安管理委员会评为"优秀保安员",2008年被海珠区公安分局授予"春运抗冻灾工作先进个人"称号,2011年被广州市公安局保安管委办推选为广州市优秀保安员代表。此外,肖林春还连续3年被共青团广州市委评为"优秀团干部",连续4年被共青团海珠区委评为"优秀团干部",他带领的团支部连续2年被评为"优秀团支部"。

肖林春根据自己的实践经验积极为辖区治安防范工作献计献策,制定了"形象美、作风正、纪律严、业务精、安全好"的优质服务标准,有效防范和打击违法犯罪,取得了明显成效。从事保安工作12年来,肖林春共协助公安机关抓获各类违法犯罪嫌疑人2187名,破获治安案件1252起、刑事案件354起,调解纠纷6591起,防止各类灾害事故的发生118起,为群众做好事1675件,收到感谢信83封,锦旗31面。2006年3月,他冒着生命危险,带领队员追击持枪歹徒并将其成功抓获。2010年6月22日凌晨1时,他在对瑞宝村飞宇网吧进行例行检查时协助公安机关成功抓获在逃犯人。2011年3月12日,他带领6名保安员迅速扑灭瑞宝商业城一家皮鞋厂火灾,挽回经济损失300多万元。在他的努力下,瑞宝街保安中队业务不断扩充,现有客户74家,年收入达500多万元。

肖林春始终把保安队伍思想建设工作摆在首要位置,坚持以情带兵,聚人心。在中队，他既是领导又是队员们的亲人和朋友。他多次发动爱心捐款活动，带头为患肝癌的保安员叶锦洋筹集医药费近3万元，为保安员欧国成幼女筹集医药费。他还带队积极参加青海玉树救灾捐款活动。在他的组织下，队员中的青年团员定期到荣誉军人康复医院探望荣誉军人，到社区看望孤寡老人，为群众办实事、做好事。肖林春把自己的青春和血汗贡献给了他所热爱的保安事业，在平凡的岗位上做出了不平凡的事。

——摘自中国保安网

　　因此，工作是大多数人实现人生价值的有效途径。充分认识到工作的内在意义和内涵，对于所有职场人，特别是年轻的伙伴们至关重要，这促进他们对工作的深刻理解，帮助他们更有效地投入自己的工作，也有助于推进职业化人才体系的形成。

　　综上所述，工作作为人们立足社会、建构生活、实现自我价值的重要基础，是非常值得关注和认真思考的根本性问题。事实上，作为职业化员工，一个突出的特征就是会对工作投入更多的时间和精力，不仅仅是投入工作本身，更重要的是投入对工作的深入思考，提升认知。

　　然而，现实中人们似乎更乐于评价或者关注生活的表面部分，有时候甚至津津乐道。当然这也合乎情理，生活是多姿多彩的，也是五味杂陈的，也值得我们投入热情与精力参与其中，但是很少有人对工作这个"经济基础"的"研究"投入同样多的精力和热情。于是我们发现，人们对于生活的关注经常大大多于对工作本身的思考，似乎生活的喜怒哀乐、柴米油盐（甚至家长里短）更值得探讨，而工作只是在上班时才需要考虑的事情，这似乎也合情合理，但就理所应当吗？

　　我有一种困惑，那就是现在的员工（年轻和年长的），大多数对工作不在乎，这种不在乎包括对工作中具体的一件事务的轻视，也包括对这份工作整体的满不在乎；似乎这件事与他没有什么关系，是公司的事、上司的事、客户的事，他只要做了就心安理得了，无论结果如何；好像这份工作是可有可无的，就像一件走到哪都有的商品一样，随时都能买得到也能随时丢掉。

——某公司人力资源部经理

　　我很能理解这位经理的困惑。大多数职场员工，除了在某些特殊阶段会相对较多地关注和投入时间去考虑工作的相关问题，比如求职、面试、试用期、晋升前后一阵子时期，绝大多数情况下，他们是不愿意花费更多的精力在研究工作这件事上的。"理由"似乎也很充分，首先，生活已经足够他们忙了，而且他们的时间很明显不够用。要一个人从千头万绪的日子中再挤出时间去考虑工作方面的问题，岂不是昏了头？其次，与丰富多彩的生活相比，工作实在是太让人"痛苦"了，许多人对不上班、休假的喜悦并不亚于念书时"明天不上学"的兴奋，"星期一综合征"便是最好的例证。至少在情绪和生理反应上，"去工作"是件让许多人极不情愿的事情。最后，"工作是工作，生活是生活"，工作是上班时间才做的事，"下了班，不要谈工作"，这样的看法似乎也言之凿凿，无可辩驳。甚至还有人举例欧美发达国家员工下班就走、手机关机、从不加班……然而事情真的就是这样简单吗？

　　我们当然反对任何极端的主张和做法，就如开篇所述，内卷化的"996""007"无疑也是我们所要摒弃的和反感的做法。在这里，我们所强调的是比日常意义上的工作更深层次的思考——对工作的认知。当我们从职业化的角度重新审视工作这个核心命题时，抛开肤浅的直观感受和情绪化的狭隘立场，认真深入和全面审视工作本身的意义，我们就会得到一些更有价值的判断。

　　对工作的认知不仅包含前文已经提到的工作意义和基础作用，还应该包括以下几个重要问题。

❖ 工作是一种契约

　　任何一份合法的工作，本身就是契约的产物，并且在这份工作存续期间（员工在职期间），企业与员工也都必须坚守契约精神。这种契约不仅存在于员工与企业之间，也存在于员工与工作（产品和服务）之间，也存在于员工与客户、企业与客户之间。强调工作的契约精神对于树立员工的职业精神以及职业化意识至关重要，实际工作中发生的诸多员工管理问题的背后，往往是这种精神的缺失。无论是员工还是企业，任何一方，一旦违背了契约精神，都会立即破坏这份工作（岗位）的存在价值。而契约精神也是道德的基本准则,忽视和违背这一准则的危害和损失远远大于任何一方暂时和短期得到的所谓收益。

❀工作是一种责任

对于企业或是雇主来说,在所有值得关注和考察的员工职业特性中,责任感都是第一位的。本质上,企业(管理者)交付或委派给员工的每一项工作或任务,都是一项委托,其中也都包含着一定程度的责任,其责任的大小其实也就是企业为此所要承担的风险和损失的程度(而这一点许多人往往意识不到)。每当员工因失职和错误而造成任务(业务)失败时,风险就转变为企业现实的成本和损失。作为防范和减少损失的可控因素,责任感和尽责能力则是其中最主要和关键的要素,因为工作中客观和随机的那些破坏性因素无论是企业还是员工都只能适应和调整而无法避免和完全改变。因此,作为一个职业化员工,在面对每一项工作和任务时,应当充分认识自己将要承担的责任,并持续保持必要的责任感,而且这种状态的保持与薪酬、环境、条件以及资源的状况(变动)无关。

❀工作的本质是创造价值

从古至今,人们劳动和工作的目的都始终围绕着"成果"而来,与企业追求利润增长的诉求一致,劳动者的工作在于追求成果及价值的创造,也就是在既定的条件和资源基础上如何使成果和价值最大化,即我们所说的"有所作为"。在这里,不能简单地拿平等交易原则来论辩所谓的"公平"与"合理",甚至牵扯到"剥削""剩余劳动"的范畴。就工作的本意而言,任何时代、任何制度下,其意义和内涵都是一致的,它与人们的其他基本活动一样,是普遍存在的,如睡眠、运动、饮食等。工作就是工作,人们通过劳动创造价值。至于现实企业中广泛存在的劳动关系纠纷、非法用工、薪酬欺诈、待遇不公等问题,是制度、司法、道德、教育等领域建设和治理方面存在的问题,也都不能作为否定或是篡改工作的基本内涵与意义的借口。企业可以接受员工罢工、诉讼、谈判和辞职,但不能(不应)接受怠工、散漫、敷衍和懒惰,就如同员工可以接受企业关闭、亏损、协商和辞退,但不能接受欺骗、非法用工、侮辱和故意欠薪一样。

※工作的意义是可以扩展的

在工作原本的内涵之上，我们还可以挖掘出富有个性色彩的意义。除了雇主、薪酬、业绩等这些基本的内容和诉求，不同的人可以在工作中寻找到各种各样的意义和感受，这无疑是更高层次的追求与认知。

徐波，一位沈阳市劳动模范。他立足本职，兢兢业业，在平凡岗位上体现出不平凡价值。作为一位有着30年党龄的老党员，他始终把"做事先做人，万事勤为先"作为自己的行为准则，这也使他成为年轻一代"双鹤人"学习的楷模。已经是生产部副经理的他，先后在双鹤的三个岗位上工作。他第一个岗位是厂区配电车间的查表员。

每天看看电表，做做记录，看似轻松，但对于徐波来说却承担着很大的责任和压力，一个微小的疏忽，就可能带来巨大的生产事故。也正因为如此，任职期间他每天6点到岗，在别人都下班后，他还要巡查一遍才走。数年如一日，厂区的变电站在他工作期间没有发生过一次事故。

在变电站的旁边，有一座高大的三层建筑，这是徐波工作过的第二个岗位——能源车间锅炉工。药厂燃煤锅炉停运，已经从燃煤锅炉更新换代到燃气锅炉，劳动强度比以前似乎是大大降低了，但是从安全角度来说，是没有变化的，相对来说责任比以前更重大了。由于新的锅炉使用天然气做燃料,这就对安全要求更高,每一个仪表、每一个管道都不能忽视。徐波说,公司要创造效益,这后勤保障就尤为关键,马虎不得。但对他来说,创造效益固然重要,但节约成本同样不能忽视。在新老锅炉替换期间,他每个环节都要仔细把关,整个过程下来,他还为公司节约各项成本 3 万余元,并最大限度地延长了锅炉的使用寿命。

在他的带领下,部门员工提出改进方案216件,解决了企业的很多技术难题。2018 年,徐波的事迹被双鹤集团和华润医药刊物报道,他获得"年度优秀共产党员"荣誉称号。如今,在新的岗位上,在先进的自动化配送车间,他更希望利用自己的经验和责任心,为企业发挥更多能量。徐波说:"到了这个岗位,我感觉责任比以前更重大了,尤其年轻的员工比较多,这样一来就需要我们老同志在工作中多帮助他们,特别是他们在工作中的责任心、使命感、工作态度几个方面,使他们的工作能早日满足工厂的需要,步入正轨。"

◈工作中蕴藏着美和快乐

对于员工而言,能够感受到工作中的快乐是其自我提升和价值实现的重要体现。它们代表着员工自我认知以及自我管理水平的提高,也预示着职业素质与工作能力的进步,因为只有在深刻的工作体验与娴熟的工作技艺发挥中员工才会有类似的感受。

钟表的工艺之美

风电场之美

工作中那种追求超越职责与专业标准之上的美感，以及透过辛勤与汗水体会到的快乐是工作最有价值的地方。

• 如何对待一份工作

我们假设绝大多数人在选择一份工作时都是经过认真考虑的，这种认真多是从慎重、周全和利弊得失的角度出发，以确认那是一份"合适"的工作，并且是自己"愿意"接受和从事的。事实上个人与工作之间是一种"相互匹配"的动态关系，一方面，是工作所提供的各种利益满足了个人基本的需求，同时工作的各项要求也得到个人的认可；另一方面，个人的各项能力素质也能够满足工作（岗位）的要求，并得到企业的认同。在这种相互的匹配过程中，个人的诉求与工作的要求之间还存在相互促进中的不断攀升，也就是个人的自我能力素质提升与工作要求标准的提高是积极关联着的，个人能力的提升既体现在岗位贡献（绩效）的增大，也可以体现为不断胜任更高要求的岗位（晋升），工作要求的提高既可以通过工作标准（业绩）的不断提升，也可以通过新的职位和领域来体现。这似乎是一种共赢的理想关系。

　　然而现实远没有理想中那么完美,我们在企业中经常见到的情形往往是另一种难堪的局面:一方面,许多人对工作(以及企业)满意度低下,心存太多的不满和抱怨,实际行动中的表现也与工作(企业)的要求相差甚远,而当事人则坚定地认为错在企业而非自己,甚至在自评中认为自己的表现与能力远超应有的水平,认为这份工作不值得"我为之付出更多",他会将对企业的不满转移到对待具体工作的懈怠上,通过对工作的"不满意"来反击企业给自己造成的"不满意"。另一方面,很多企业及其管理者对许多员工都"心怀不满",但仍在任用着,而实际上,这种不满的背后是企业制度及管理的落后低效、漏洞百出,甚至是违背最基本的道义与律条,却要求员工"无条件"服从与遵守。当我们将上述两种情形放在同一个企业时,我们会倾向于认为这里的员工一方是对的,是占理的一方,问题出在企业。那么,当企业及其管理者对员工的"不满"建立在制度流程完善、管理得当、尊重并合理任用人才的基础上,而企业的发展"客观上"也需要员工不断学习提升,并持续提高工作绩效和表现水平,在这样的情形下,那些满意度低的员工是否还是对的? 谁是占理的一方? 问题又出在哪里?

　　有人会说"具体情况具体分析",也就是看双方的实际情况,那么我们可以简单地将问题划分为四种状况(见图9)。

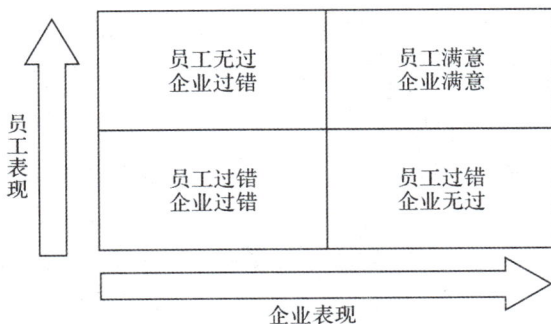

	员工无过 企业过错	员工满意 企业满意
员工表现 ↑	员工过错 企业过错	员工过错 企业无过
	企业表现 →	

图 9　劳资关系分析

　　当企业和员工都无过错时,也就是前文所说的"理想的共赢"局面。对员工而言,胜任着自己满意的工作;对企业来说,拥有着满意的员工,伴随着

企业的持续发展，员工也得到成长与提升。

当企业和员工都存在"过错"时，是共输的僵局。员工的不满和更差的表现似乎有了十足的根据，任何要求员工提供更好的表现的主张似乎都是站不住脚的，因为这时的企业表现差劲，不值得也不应该让员工为它付出更多。而此时的企业表现得如此差劲似乎也有足够的"借口"——因为差劲的员工，企业改进自身管理的动力远不及对员工的责难和否定力度。

当员工无过，而企业存在过错时，员工的不满和抱怨就存在合理性和正义性，会对企业的改进与变革构成压力或动力，这是企业发展的契机，企业制度革新和管理方面的改进与提升将会得到员工的认同与支持。但是，当企业无论因为怎样的理由，长期不能实现管理提升与制度革新的情况下，员工就会发生分化，一部分员工会另有选择，另一部分员工则会伴随着企业的持续过错一起走进"共输"的僵局。

当企业无过，员工存在过失时，通常情况下这样的员工只占少数，此时员工的不满和抱怨缺乏依据和基础，因而会成为企业经营发展的绊脚石。随着企业的持续发展，企业会逐渐淘汰这样的员工，员工则失去了个人成长和发展的机会。

从上述四种情形的比对发现，员工与企业（工作）之间的匹配是动态的相互制约的状态，孤立和片面地讨论员工的表现不佳或者是企业的是非都是没有意义和具有误导性的。个人在选择工作（企业）的时候，不能仅考虑自己的需求是否能得到满足，还应评估自己的表现是否能够达到企业（工作）的要求，以及自己是否准备好接受因企业发展而带来的更高标准的要求，也就是学习力和自我提升的挑战。企业在选择员工时，不能仅仅考察其是否能够满足岗位的基本要求，还应评估自己的管理及发展能否为员工提供成长与学习的条件，以及是否有足够的投入以支持员工的发展需要。作为员工，面对一份工作，在认真负责努力达到工作的要求和标准的同时，应避免成为被企业利用的短期工具；作为企业，在慎重选择符合工作岗位要求的员工时，应避免被员工当作旱涝保收的长期保险地。

员工在持续学习及自我提升方面的认识，与企业在为员工成长发展提供必要资源方面的认知是更为重要和理想的一种匹配。

不同的情形代表着不同的选择和匹配，也就带来不同的结果。对员工而言，其选择应当包含着两个方面的内容：一是选择自己满意的企业；二是选择持续的自我提升。而企业的选择同样应当包含两个层面：一是选聘自己满意的员工；二是选择持续改进企业的管理模式。职业化的员工对工作的深层次认识就是从这种选择方式开始的。

• 工作不是上班，更不是打工

去工作可以说成是"上班"，但"上班"未必就是在工作。我曾经提倡员工们尽量不要使用"上班"这个说法，这并非咬文嚼字、故作姿态，而是一直以来都很介意"上班"所代表的某些行为方式。

为什么呢？

我曾经在一座大厦的门厅等候客户，是预约一大早见面的，某个公司九点前打卡，我坐在休息区等了十多分钟，随着分针逐渐接近整点，进门的员工人数也逐渐增多，最后的一分钟让我颇有些惊诧，一些人奔跑着冲进来，一些人快步疾行以免手中的早餐洒落出来，唯一的考勤机前紧张慌乱的人群越来越焦躁和嘈杂，最后的十几秒内达到了戏剧性的高潮，尚未打卡的人急躁不安，外围的人见缝插针，里圈的人紧张不已——担心没有录入，还免不了"突围"时的左右出击，终于有人把豆浆打翻在地，在失望的叫声和抱怨声中有人没打上卡——迟到了。我注意到人们在打卡那一瞬间前后的神情、姿态的骤然变化，很富有戏剧性，打卡之后的悠闲和轻松与之前的十万火急形成强烈对比，似乎比劳碌一整天后的突然放松更为释然，之后当我进入公司路过那些工位时还能明显感受到这种释然仍在延续。

后来，我在不同的地方也曾观察到类似的情形出现在许多单位下班的时刻，虽然没有了豆浆被打翻的环节，但下班整点前几分钟一群人围着打卡机"读秒"的场景时有出现。

作为个人工作习惯的一部分，我曾长期坚持对到岗时间做必要的提前设定，相应地，我会对每天的离岗时间有意地推后一些，并且轻易不会打破这个习惯。比如，我会保持提前 15～20 分钟以上到达办公室（所以，很少考虑过迟到这个事），而离开的时间也会推后 10～15 分钟（但经常会更晚一些）。在我看来，朝九晚五是公司上班的时间区间，但未必就是工作开始和结束的节点。

"上班"既是一个时间概念，也是一个空间概念，简单理解就是在规定的时间里，在规定的空间（地点）待着就是上班，或者说做到了按时上下班。许多人认为这无可厚非，能做到不迟到、不早退、不翘班，就是非常值得称道的，应该算是好员工。事实上，这并不能用好坏来评价，因为按时上下班几乎是任何职业的基本要求，或者常识标准。当然绝不是说早来晚走就是好员工，至少我不这么看（虽然我习惯于早来晚走），重点是我们不能仅以时间和空间的限定作为工作与否及质量的衡量标准（尽管这种限定的确是工作所需要的条件之一），正如我们不能以是否有课本作为学习与否的判定。有人守时在岗，但无所事事；有人从不缺课，但心猿意马。

在员工与企业的这份工作契约中，并不仅仅是约定了员工每天（工作日）某个时间段内所处的空间位置，更关键的是还约定了在这段时间及空间内价值的创造和增值过程。而许多人有意无意地转换了这个关键点，甚至偷换了概念，以表面上容易衡量的时空单位取代了较难考量的价值成果，淡化工作本质的同时强化了另一个概念——劳动时间的价值性，于是"时间＝劳动时间＝劳动"，而"为劳动付薪"的所谓通识又进一步完善了这一逻辑的合理性（事实上我们早已经进入了为价值和效能付薪的时代），于是"上班"就堂而皇之地代替了工作的概念，或者淡化了二者的区别。现实中那些只是在"上班"，而很少真正创造价值甚至无所事事的人，面对企业及管理者的"不满"时，却又总是理直气壮，义正词严；而在自己工作的失误和失职面前，则又借口连连，苦劳多多。

企业并不缺少需要"上班"的人，企业需要那些来"工作"的人。"需要上班"可以理解为契约中个人一方的现实需要和合理诉求，但"有人上班"却不是企业一方的核心追求，"有人上班"是企业生存发展的必要条件，而"有人创造价值"才是充要条件。工作的人是在上班，但在上班的人未必是在工作，职业化员工会不断强化自己对工作的认知，而淡化上班的意识。

我之所以刻意设定自己早来晚走，除了工作量比较大以及希望为员工做示范的因素之外，更多的是出于自己对工作一贯的看法和理解。首先，我希望能在本职岗位上尽可能多做一些有价值的事情，而这些事情大多都需要同事们的协助，也就是要大量占用大家正式的工作时间，那么将一些不需要他人协助的和"不是很重要的"工作放在早到晚走的时间段处理会更为合适。

其次，在公司工作的十余年中，无论是在市场做销售还是回总部做管理工作，在自己的意识底层我很少会想到这不是自己的公司，自己是受雇佣的打工人，甚至在绝大多数时候和几乎所有的业务活动中，认为是为自己干，就如同这是我自己的公司和业务（生意）那样。这种"如同"也往往会从客户和合作方的言语和神情中传递出来，只是当他们确认我的实际身份后会多少有些诧异而已。但在我看来，这些其实都并不重要，因为我只是在做事（做到最好，因为渴望那种成就感），无关此事是"谁的"以及"为谁在做"。因此，我会更关注工作及业务的质量和成果，自然也就认为早到晚走、多分配一些时间给工作是值得的。虽然在这早晚短暂的时间里所做的大多只是正式工作开展前的准备和计划，以及每天工作告一段落后的反思与总结，但这些也的确起到了积极和不容忽视的重要作用，于是习惯成自然。我之所以会忽略公司与我的劳资关系和工作的"由来"，在很大程度上源于一直以来职业化意识对我潜移默化的影响。当然，我并不是每一天都晚走，工作非常顺利或者有工作以外更重要的事情自然会合理安排——关注于事情本身的价值是根本所在。

至于上班的空间问题，或许是更为次要的因素。我们之所以需要一个场所和位置，仅仅是因为工作发生且需要在那里解决，是工作的需要，集中办公的一个重要缘由是资源便于综合利用以及沟通的便利性，但并非所有工作都必须在办公室完成。市场开发、调研及客户服务等外勤工作需要更开放和多样的工作空间。因此，空间也不应成为是否工作以及工作成效的评判标准，

它同样只是完成工作的客观条件罢了，尤其是在那些以信息化和数据化为主导业务的行业和职业里。那么，按时打卡，不擅离岗位，仅仅是工作的一种最基本要求，也不意味着工作（表现及成就）好与不好。最核心的问题始终是：在这样的时间和地点，一个人究竟做了什么，如何做的，结果如何？！

我很少在家里工作，除非万不得已，甚至是有意识地避免把工作带回家里，包括非工作日也几乎不会考虑工作上的事情。虽然有时面临不可避免的加班，我也会跟同事们开玩笑地说："加班，就是工作式休息"，但我和我的同事们（实际上是公司）不提倡和鼓励加班，大家在休息时间里几乎都"忘却"了工作——这是在企业工作十多年里一直比较轻松和释然的一点。而当必须要加班的时候，往往也是所有人都达成了"必须"的共识，因而也就极大地共同忽视了加班与"上班"的区别，转而专注于所要解决的问题本身。这种共识进一步强化了在正常工作日对工作计划、执行、工作标准以及效率的更高要求，这当然绝不仅仅是为了避免加班的发生，而是基于对工作本身的重视和追求卓越的意识，但事实上也的确有助于减少发生加班的诱因。

关于"为谁干"的问题，如果就工作（业务）本身的意义来说，其实是个伪命题，我们为什么会想到要区分一件事是为自己还是为别人做呢？又为什么要采用不同的做法并且给出不同的结果呢？是什么样的理由"允许"我们在意识到是给别人而不是自己（本人及家人）做一件事时就可以变更（降低）标准的呢？是谁给的这种权利？我们不打算过多去探究这里面可能的深层原因，比如人性的自私、惰性与自我封闭性，或者是根源于"狭隘的小农经济思维"的底层逻辑。仅就契约精神而言，如前所述，这种试图偷换概念、违背契约的做法本身就是极不光彩的，更没有理由因缔约方未做追究而理所当然、心安理得。因为无论如何辩解，这样的做法都违背了职业道德和做人的本分。

现实中会有人很看重"为谁干"这一点，似乎更在意一件事的"由来"与"归属"，而不是这件事情本身的意义与价值。就比如常见的"熟人好办事"，或者是根据安排事情的人的"来头"大小和远近亲疏采取完全不同的做事方式和态度。这或许可以合理化为"圆滑世故"，但这种取向是与职业化相左的,在工作中我们的行为模式应更倾向于事情本身的意义和价值,比如无论对方是大客户还是小顾客,我们的所作所为至少在对方看来都应该是"适当的",而不应区别对待。因而也就不存在工作的态度和方式因为只是给老板(公司)在打工,不是给自己干而有所不同。

我曾经认真观察过一位南方木匠手工雕刻木门,事实上他是个打工的农民工,姓李,除了农忙时节,常年在外做木工。因为手艺好,很多工长都器重他。他做的木门扇是将7层木板黏合在一起压实晾干后,做手工雕刻镂空。那些门扇的造型各异、刻工复杂,因为面板已经附上,所以整扇门雕刻过程中只要有一处"走刀",就意味着整块门坯作废。

他要刻十几扇这样的木门,大概要花大半个月才能完成。工作时他几乎整个人是趴在门板上的,聚精会神地移动着手中的工具。那是北方的七月,他满头大汗,工装湿透,为防止汗水浸湿门板,他身下铺着一层塑料布,汗水积在上边透着亮光,他停下来擦汗时也要抹干塑料布。我问他为什么要这样做门(不是很麻烦吗),他平静地对我说:"这是客户要求的,就得这么做。"这样的门好看结实而且永不变形,当然也很贵。他做这种门十几年了,是自己的手艺,孩子们上学、家里盖楼都靠它。我问他有没有做坏过,他伸出两根手指说:"总共坏过两个,都给人家赔了,自己赔的钱。"我问:"工队不赔?"他笑了:"自己的活路干撇了,当然要自己赔了!跟给自家做活一样嘛,自家活干撇了还找旁人去赔?"

我后来跟与他合作了七八年的项目经理聊起这件事,经理说:"李师傅是我们的宝贝,金字招牌。"我问赔门的事儿,项目经理说:"那是要赔的,李师傅出钱赔,但是我后来在结工钱时自然就给他想办法补上了,他不知道滴!"

李师傅不是通常意义上的打工人,也不是一位普通的农民工,因为我对他的敬重和他给我的珍贵启示,我后来将他的事讲给我许多员工和学员听。

因此,工作与上班是有交集的两个概念,只是他们在时间和空间上以及形式上非常像,很容易被混为一谈。在职业化员工看来,每天是在为创造价值而积极工作,而非职业化员工则每天是不得不去上班。

至于打工的态度和方式,恐怕是距离职业化更加遥远的,甚至是背道而驰的就业选择。打工者的身影并不仅仅出现在某些中小电子厂和某些劳务市场的桥下路边,在许多看起来非常正规的企业和公司里,其实也充斥着为数不少的"上班的打工者"。在这里我们将打工者定义为一种认知和行为模式的持有者,在打工者看来,上班的意义仅就是等价交换,也就是定量劳动与工资之间的对等交易,打工的过程是严格遵照等价交换进行的,知识和技能是固化的(当然也是事先得到认可的),态度是被动的,至少是无积极性可言的,劳资关系清晰而且对立,人际关系几乎不涉及沟通、交流,会有一些因流程和作业过程的必要合作,但仅限于过程本身。

很显然,这种工作关系不是健康和长远发展的企业所需要的。对于绝大多数追求现代企业管理、谋求发展成长的企业来说,有打工心态的员工往往是不受企业欢迎的。但实际情况却出乎意料,我们在大多数公司稍加留意,却总能找到他们的身影,有时甚至还占据着人数上的优势。这固然与企业的治理及管理水平高低有关,但更多时候是人资匹配出现差错,契约精神缺失状况导致的低水准任用造成的。

那些"上班的打工者"的打工心态与众不同。企业中持打工心态的员工的存量与企业的经营发展水平有着反向的关联关系。一般来说,有打工心态的员工对其企业的消极影响要远大于那些"只是上班"的人,虽然后者的积极影响也很微弱,但持打工心态的员工本质上是置身事外的精神游离者,漠视企业价值观及企业文化,也漠视企业的管理提升与人力资源投入,对企业长远发展的贡献聊胜于无,却随时在分化瓦解企业原有的成长力。相比那些"名正言顺"的打工人而言,他们身份不同但行为方式基本一致,却有着后者所不具备的破坏力。

需要补充的是,打工人与"上班的打工者"还是有所区别的,虽然二者在人群上高度重叠,但的确存在这样一部分打工人,他们事实上是在打工岗位上工作出色的人,并没有因为身份以及用工方式的限定而囿于一般打工者的窠臼而随波逐流,而是以自身的职业化精神、思维和技能为依托,在最容易使人甘于平庸的平台上成为不平凡的价值创造者。我们称其为"工作的打工人"。

因此我们可以这样来界定工作、上班、打工及其不同角色之间的关系，见图 10。

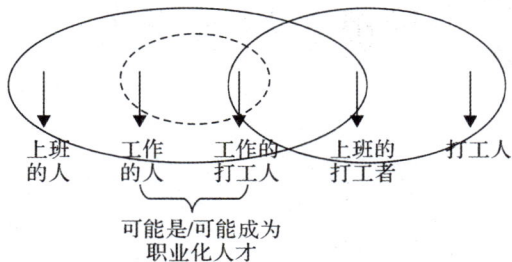

图 10　工作、上班与打工

从中我们可以找到企业真正需要的人，他们并不一定是编制在册的正式员工，也可以是短期合作的打工人（如李师傅们），他们的身份或许存在差异，但却有着相同的内在特性——他们已经成为或者最有可能成为企业最需要的职业化人才（员工）。

当你准备步入职场

• 找到这份工作的意义和价值

人们会很自然地认为，有过工作经验的员工面对一份新的工作会更得心应手，适应得也会很快，而第一次进入职场的年轻人毫无经验，需要从头开始，慢慢适应和成长。事实上，换新工作的人所面临的状况比一位职场新人好不到哪里去，因为问题的核心并不在于企业是好或者不好，企业与企业环境差别多大，以及大众所认为的经验多与少的问题。虽然有工作经验是一个重要的影响因素，但一个新入职者的表现根本上还是取决于他本身的内在准备程度。这就是为什么大多数人很容易用"新人经验不足"作为解释的理由或者责难的依据，进而也导致年轻人"理所当然"地认为自己"需要一个学习的（漫长）过程"，这种观念很大程度上拖延甚至阻碍了职场新人的发展。

从我正式离开大学校园到第一次站在讲台上给50多个学生上课，相隔不到一个月。那其实是最终的面试机会，临近放暑假，校方要赶在学期结束前最后决定要录用的新老师人选。在那个年代，我上课的这所大型国有企业子弟学校无论待遇还是声望都是远高于社会学校的，因此，在当时能够进入这样的学校并不容易，更何况是重点中学。包括校长在内，那天教室里连学生总共坐了近70人，学校里能够有资格和权力做这次录用"评定"的人几乎都到场了。

在接到通知，被要求给在校生讲一节同步课，以决定最终结果的时候，我很兴奋,因为那意味着两件事,大部分竞争者被排除了,同时,也面临一次真正的"挑战"——只录取一个人。而且这次讲课的课题是指定的,一周后的某天上午,高一某班的第三节课,原本就是这个班学生们那天的一节"正常"课程,而不是模拟教学或者试讲,所以听课的"评委"不仅是近20位坐在教室后面和过道的前辈和校领导,还有完全陌生的一班学生。

无论结果如何,我打算讲好这堂课,虽然毕业实习的时候也曾经讲过课,并且当时也曾认真观摩、准备和试讲,也获得了优秀实习生的荣誉,但那只是两个月"漫长实习"生活中丰富活动的一个组成部分,而这次是"实战"。

中学思政课程的难度不在于内容和知识,而在于学生的接受度,也在于对课程"度"的把握,这是备课的关键。要将"可听性""知识要点""导向性"恰当地融合在45分钟课程中,首先需要考虑课程要达到怎样的目标,如何达到;其次,要以什么方式持续吸引学生;再次,要把握怎样的边界,可以讲什么,讲到怎样的深度和宽度,学生既可以理解又有延展空间,还不能让课堂失控。更重要的是,评委们会如何看待这一切。

从之前的沟通中我了解到校方的一些基本情况:思政青年骨干老师青黄不接,校领导有魄力,学校为区域重点中学,生源素质数一数二……于是我花了两天时间研究了课程方案,搜集了两三倍的课程素材,借到了近两年几份相关的试卷,分析了这节课内容涉及的考点和题型,将授课时间划分成几个段落,时间分段精确到10秒范围内。为什么我会"知道"这些做法?并不是因为我有经验,在实习期间,也很少有人告诉我们有关"知识",而是因为我想"做好"这件事。这次授课,是我在毕业后、就业前那段时间里一件最重要的事情,我要把它做到最好。基于这样的"态度",我去咨询了我的老师、留校的学长,还跟两个高中学生邻居"聊了聊天",从中得到了上述做法的依据和灵感,当然这也得益于以往的日常学习和广泛阅读所积累的知识和素材。当我们坚定地想要去达成一个目标的时候,最好的选择就是为这件事情做充足的准备,并且投入必要的时间和精力。

基于大学期间经常参加演讲比赛和辩论会、主持各类活动的经验积累,我在表达方面多了一些自信。为了更有把握，我向兄长借了他的西装和皮鞋——人生第一次穿职业装，适应了一整天才不再别扭——我希望做到最好。

虽然已经是初夏，但那天的天气并不很热。当第一遍上课铃声响起时，学生和评委们都已经坐好有一阵了，虽然不是第一次当众讲话，可我还是有些紧张。但当第二遍上课铃声响起时，我稳步走上讲台，那一刻我对自己说："我准备好了。"

当我向全体老师、同学鞠躬致谢时，掌声和下课铃声几乎同时响起，但我几乎听不到铃声，直到教室外挤满了邻班学生的时候，我才确认我的时间把握是准确的。

在中学任教的 6 年多时间里以及多年后的今天，我始终对认可和培养过我的校长、主任和导师们心存感激，因为自我努力得到了认可和资源支持。值得欣慰的是，资源似乎有一种天性，总是更倾向于投给那些更愿意在态度和方法上做足准备的人——无论他是新人还是老手。

职场新人成功的关键在于从认识、心态到方法方面都有充分的准备。其中首要的是认识，也就是对工作的看法。在所有看法中，对于一份工作的意义和价值的看法是至关重要的。

工作本身的确没有高低贵贱之分，但人们对工作的看法和认识水平却会有很大的差异，而认识不同，就会引导一个人走向不同的层次和维度，由此决定人与人最终的差距。

俗语说"行行出状元"，但这并不是说一个人干什么都可以成功，也不意味着一个人对任何行业和工作都能适应。考量一个职业，重点不在于干这个工作有没有"出路"，有没有可能成为"状元"，而在于"出状元"的所以然。我经常跟员工和学员说："一份工作好不好，不是它一开始看起来好还是不好，而在于你把它做得好不好；一个部门在公司重要不重要，不是公司是不是重视，而是我们把这个部门经营得有多重要。"那些优秀的员工以及那些在看似平凡的岗位上取得成功的人，其决定性的因素都不是外在的，而是他们对那份工作的认知与众不同。这种认知的核心就是找到自己所从事的工作和职业的价值和意义。

  绝大多数人会在很长一段时间里,或者是一段时间的大部分阶段,将其注意力和思考范围停留在工作的那些更基础的层面上。根据马斯洛需求层次理论,人的需求(追求)分为从低到高的五个层次,这五个层次又可以被划分为两大类:低层次的自然需求和高层次的社会需求(见图11)。

图 11 马斯洛人的需求层次

  我们从事一份职业或者工作,当然应该要求它能满足我们的基本生活需要,也就是自然需求,这无可厚非。不过这里存在一个对物质满足感的认识问题,也就是满足感的相对性与自我管理。尤其是年轻人,天然地对物质消费有着旺盛的欲望。消费欲望本身没有好坏一说,它是中性的概念,并且消费本身就是经济发展的原动力所在,然而根据供求平衡法则,没有人能无限制地满足自己的欲望。企业和社会同样受到这个法则的制约,不可能无限地提高一个岗位的报酬,而收入支出的平衡点,就是每个人实际的消费水平。对这个"客观存在"的平衡点所给予我们的消费现状是否满意,取决于个人的认识水平和自我管理能力,这似乎也无可厚非,理应"顺其自然"。但当面对这种现实存在的"客观性",不同的人却会产生不同的评判:有人满意,有人不满意,有人有所不满但能接受。同时,没有人能够列出一份清单来界定人们对物质和欲望满意的标准尺度,因为在任何的生活消费标准面前,总有人满意有人不满意,我们也不可能简单地做出"越多的消费越满意"这样无意义的评判(见图12)。

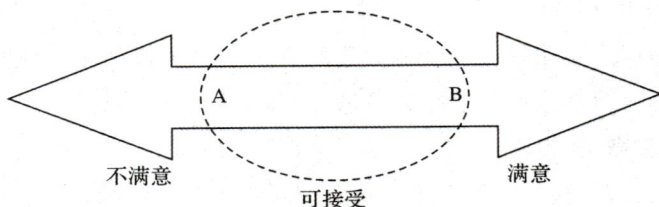

图 12　满意程度的动态性

　　大部分人认为待遇和自己的实际消费状况都处在"可接受"的范围内，认为真正处于"不满意"或"满意"状态的是少数。当然，靠近 A 区域的人主观上更倾向于表示自己不满意，而靠近 B 区域客观上被认为他应该倾向于满意，虽然实际上往往并非如此。对于大部分年轻员工来说，我们建议当他们的收入及消费处在"可接受"的状态时，应尝试努力将主要精力和注意力转向对工作本身的思考和探索，也就是聚焦于如何更好地工作和工作得更好，而非毫无意义地纠缠于自己尚能接受且暂时无法改变的待遇问题。关于消费管理的话题后续还会再做深入探讨，这里先做此初步结论。

　　对于工作待遇不满意的人，无论怎样，都很难发自内心真正积极地对待这份工作，消极力量会经常在他的思想和行动上占据主导地位。而对工作待遇满意的人，在一定阶段内比较倾向于积极的工作表现，也较为容易被引导和培养。那些认为待遇可接受的人，以不同的心态摇摆在积极与消极之间，实际上是极不稳定的状态，引导和转变的难度并不小。其实现实情况并没有这么复杂——绝大多数人的生活是有保障的，无论在他们每个人心里是满意还是不满意。我们看到许多人在一个企业工作了很久（甚至终生），他们中一些人甚至从来没有对待遇"满意过"，但他们确实在那里工作了很多年。问题在于，他们要么长期将注意力放在"满意还是不满意"这样的疑问中无法解脱，要么不得不面对现实"务实"地被动接受，或者不无敏感地"等待"那些按部就班的"机会"和"转机"。而这一切，使他们始终只是限定在"低层次需求"这个范围内，很少或者从来都没有摆脱过低层次需求所设定的悖论困局：因收入微薄而陷于物质欲望的束缚，因不能超越物质欲望的束缚而难以超越并达成更高水平的收入。然而,当大部分人为所谓的"生活压力"烦恼不已的时候,却也有另一些人在生活条件刚刚满足时就开始放眼人生。

尤其对当今的年轻人而言,绝大部分人的基本生活条件并不需多虑,较之他们的前辈其实际生活水准已经提升太多,但他们却总是被莫名的消费焦虑所困扰,这或许源于消费主义思想和个性释放潮流的双重影响,尚可理解。但过高的物质生活"标准预期"本质上是被极端商业化和物欲化的价值观驱动的,是对新一代年轻人进行的一种透支消费的诱导和价值取向的误导所带来的恶果,其利用的恰恰是人们在物质欲望上的集体焦虑感。屈服和遵从于这种人为的却又无处不在的"消费焦虑",人们必然无心或者很少再去顾及那些真正值得追求和实现的"高层次需求"。而少数敢于摆脱和打破这种"困局"的人,是那些自觉地将注意力上升到"高层次需求"的破局者,这种破局能力并非主要来自金钱和地位上的条件,而是来自较高的认知能力和务实的行动力。

"不要温顺地走入那良夜",《星际穿越》中重复多次的这句台词很多人并不陌生,它让我回想起刚刚任教的那些时光。虽然,那是一份来之不易的工作,我与孩子们在一起也充满了乐趣。但现实却是无法回避的:这份工作有着周而复始、年复一年、几乎不变的工作内容,略高于社会普通中学但实则仅能解决衣食温饱、无可积蓄的收入,让我一眼看到退休的职业路径。最初几个月的新奇与热情很快开始消退,日渐熟悉的环境开始显露出越来越多之前被"忽视"和"掩盖"的另一面:几十年历史的大国企、小社会,错综复杂的人员关系,难辨深浅的利弊得失,一成不变的办事方式。近几年入职的几位年龄相仿的同事虽然在不同岗位,却都"殊途同归"地变得默默无闻,安于现状,如同一粒沙子被丢进了一片沙滩,似乎一切本该如此,个人唯一所能做的,就是安分地充当按部就班论资排辈这一团体项目的参与者。

短暂的消沉后,我并没有停止阅读和思考。如同当初对待那场试讲时一样,我打算表现得更好——至少与近几年入职的年轻人相比——并非想要否定他人,但我不想复制别人的"参与方式"。职位、收入、物质条件既然不可改变（至少在我可预见到的3～5年内，没有改变的可能），那么就暂时"接纳"它，转换视角和方向，关注那些比我们地位、收入和条件"优越"的人所"在意"的问题。

我们的教研室师资力量新老搭配，缺少中坚力量，教学模式固化，教研学术成果几乎空白，会考成绩常年平平；所在年级师资配备参差不齐，班级差距明显，出现了拖尾班级；我个人的教学能力也不够全面，虽然学生爱听我讲课，但学生根基浅薄，没有应考经验，很难把教学与考试结合，更谈不上应对高考的挑战。

这是学校领导和前辈们倍感严峻和"值得研究和解决"的问题。当我意识到这些远高于待遇收入层面的价值时，自己的思路也清晰了。"当你还只是船上一名普通水手的时候，你首先要成为那艘船上最优秀的水手，然后要开始像船长那样思考"，我对曾读过的一本书里的这段话印象深刻。

我借来老教师们的教案开始琢磨，研究历年试卷，搜集各地名师题库，在导师任老师（他是我的第一位职业导师，终生难忘）引荐下拜访业界成功者——会考高考出题专家和特级教师，代表教研室参加市区教研活动；平时布置作业扣住大考思路，年级考试出题模拟会考题型，研究答题规律与得分点，总结考题思路与内在逻辑，尝试探索"押题"；课堂教学提高标准，熟记教材与教案，脱稿授课，训练自己听题解答；教授高一课程的同时熟悉高二、高三教材和考题，虽然我在入职第四个月就又接手了"拖尾"班的班主任工作（这有些不寻常，照惯例不会让新老师第一年就担任班主任），也并没有感觉到压力和困难。所有的举动我都是想着要成为"船上最好的水手"，虽然是在悄无声息地忙碌着，但整个过程充实而愉悦，而机会与资源也不期而至。次年四月，由于人事变动，在会考前一个多月，我承担高二年级全年级教学工作，并兼重点班班主任。此时我代管的高一"拖尾"班进步明显，在学生们的努力和配合下，班级成绩已经从倒数第一进入前三，运动会成绩也从第六跃居第二。有家长写来感谢信，陈述他们孩子的进步和变化，这让我感受到一名老师所能够带给学生和家长的信心和喜悦，也让我找到了这份工作的价值和意义。

对于绝大多数人而言，所从事的工作都是波澜不惊的，但又是特定时代和社会经济文化发展不可或缺的普通职业，我们的工作可以在普罗大众的观念中平淡无奇，但在自己心目中一定要有独特的价值和意义。这是支持我们摆脱外力束缚和自我消耗的关键因素，甚至是决定性的力量。在我们暂时还没有足够的能量实现"变轨"的或长或短的"平淡时期"，对现有工作价值的挖掘和工作意义的秉持，是度过这些阶段的最佳方式，也是为未来的"变轨"积蓄能量和不断加大发生"改变"的概率的有效途径。所谓"机会总是留给有准备的人"，这里的准备从来都不是单纯的等待和期望，而是新机会光顾之前，我们对待旧机遇的态度及行动过程。当我们暂时停止对物质与消费（低层次需求）的焦虑转而尝试思考和追求价值及精神目标的时候，就打开了通往职业成长的第一道门锁。

探索和实现工作的价值和意义，其方式和途径是多元化的，甚至可以是创造性的。它可以是朝向自我内在的持续学习与能力提升，指向更高的专业度、知识结构、特长才能或是身体健康（如健身、竞技运动带来的改善）；也可以是指向外部的更高工作标准、丰富阅历、人脉资源、创新革新、兴趣爱好以及公益慈善活动，根据自身条件和性格偏好选择当然更为适当，请教导师、前辈以及专业人士也不失为明智之举。

小杨原本不是我那期课程的学员，他是"不请自来"的。为期两天的"TTT"训练课程是公司人力资源部拟定的，受训学员是24人，开课时第25个签到的就是小杨，他是在安排好工作后专门去找了领导，自己要求参加培训的。课程期间，他始终是那个最积极和认真的，也是每次都早来晚走的，帮着培训组准备设施、组织课堂，也是课间、课后跟我交流最多的一个人。两天下来，我们已经熟络了，我也逐渐开始对这个小伙子刮目相看。我的返程时间是在课程结束后的第二天早晨，所以当天晚上时间宽裕，培训结束后小杨主动邀请我在城里转转，算是消遣一下。

这是滇北一座小城，我们缓缓驱车，才半个小时已经绕城一周，然后回到城内，徒步在老城街道及古县衙。其间小杨除了热情地介绍当地的风土人情、历史典故，也很自然地谈到了他自己——我也很快就察觉到了他主动陪我"消遣"的真实用意。小杨是重庆附近农村长大的孩子，父母举全家之力供他读书到大学毕业，之后他来到这里工作。刚到单位，小杨热情高涨，对一切充满了憧憬，但很快现实就让他困惑了。这里地处滇北经济落后地区，工业不发达，供电公司业务并不繁忙，加之当地生活节奏本身就慢，人们大多悠闲度日，每天上班一闲二慢三自在，跟他一起进公司的五六个年轻人不到半年已经变得跟老员工们一个模样了。小杨总结那是"三慢、三闲"生活：走路慢、说话慢、干活慢；工作之余喝酒、打牌、摆龙门。日子过得舒服惬意，当然收入也不高，论资排辈的死工资，干好干坏都一样……小杨说他当时非常迷茫，不甘心跟着周围人就这么混下去，又不知道该如何是好，家里父母年纪也大了，无人照顾，他有心辞职回去，又没有合适的出路。

一次偶然的机会，省公司专家组来单位巡视检查，专家们的专业水平和远见卓识让小杨大开眼界，也让他发现自己所在单位特别是本部门（班组）在专业水平和技术技能方面居然是各地市中垫底儿的，日常工作还能维持，可遇到稍微特殊一点儿的故障和问题都得请其他单位人或者专家来支持。领导对此也大为恼火，但又没有办法，同事们很少有钻研和学习的，多数员工都是安稳度日，得过且过。

"我也觉得挺惭愧的，没想到我们是那么差，"小杨回想起当初的窘境仍然面露尴尬，"回来我就想了，要不我就试试，大家都不会，总要有人会吧，不就是学嘛，我又不比谁笨。再说我不想就那样耗下去，对不起自己的年龄，也对不起父母呀。"此后的几年里，小杨捧起了书本和资料，自己开始钻研，无论上班下班，只要有时间，就用来学习和做实验，不仅学习本专业知识技能，还主动了解和研究相关专业和部门的工作内容。没人指导，他就向当初巡视组的那几位专家远程请教，或是利用出差、开会的机会向兄弟单位学习。与周围其他人的悠闲截然相反，小杨每天都忙个不停，逐渐地，班组里他成了技术专家，单位里他是业务骨干，大家遇到问题都来请教小杨，他也乐意帮忙，"忙起来挺开心"，小杨感觉找到了自己想要的东西。很快小杨就成为副班长，再从副班长转为正班长，不久以后又成为代理部门副主任，同时作为公司最主要的内训师负责技术人员的专业培训。来听我这次课时，他刚刚正式任职副主任——地市公司中最年轻的主任。近两年他曾多次被省公司借调，与那几位资深老专家们一起到各地巡检指导工作，作为年龄最小的专家，所到之处深受前辈和兄弟单位领导们的肯定和信任。

"听说您来讲课，我就想着一定要听，原本是有些工作走不开，但是您来一次机会太难得，我没有系统地学过讲课方法，所以把工作调整了一下，自己跑来了。"小杨笑着跟我解释，我表示非常欣赏和肯定他所做的一切和取得的成绩，也为此次与他相识和他能有额外的收获感到高兴。回酒店的路上，小杨很慎重地对我说："老师，我的情况您大概都了解吧，我们也算很有缘，有个问题很想听听您的意见，我最近一直在考虑，有些拿不稳。"他稍稍停顿了一下，很认真地看着我，"我们行业的情况您也熟悉，现在省公司和广州那边都有意借调我过去，已经分别跟我沟通过几次了，您看我该怎么选择比较好？"

作为老师和朋友，我给了他最中肯的分析和建议，无论之后小杨做何选择，有一件事我确信无疑：他的未来会更好。

此前我们谈到的王炳益、臧勤都是以各自独特的视角和方式，找到了自己平凡工作的不凡意义，从而能够"享受工作所带来的美好和快乐"，这无疑是一种宝贵和卓越的能力。在这里，需要强调的是，我们要这样去做，更多的不是因为企业的要求或者是他人的期待，而是作为职业化员工的自我完善和自觉追求。无论我们在怎样的行业和岗位，也无论企业及工作有何不同，寻找到自己工作所能够带来的价值和快乐，其最大的受益者正是我们自己，它帮助我们平衡自我、认同自我，同时打破自我的壁垒，保持开放的心态和信息通道，积极利用更广阔和更有价值的资源（机遇），在获得自我平衡的同时创造更多的发展机会。

臧勤作为上海众多出租车司机中普通的一员，与所有同行处在相同的环境中，从事着一样的工作，每天面对着各种烦恼和压力，但他却独树一帜、与众不同。他把别人眼里没什么技术含量的出租车服务做出了专业高度，他把拿健康换收入的辛苦工作做出了"美好和快乐"。生活中他也是一个幸福家庭的好丈夫、好父亲，与许多同行人的苦恼生活形成了鲜明的对比。而这一切同时带来了令人惊讶的个人收入和个人发展机遇（接受邀请为世界

五百强企业高管做培训,成为公众人物)。

王炳益则是在工作过程中,于"本职之外"找到了自己更广阔的社会价值——服务群众、传播温暖,我们又怎么能将这些看似工作以外的所作所为与他的本职真的分割开来?"万家灯火、南网情深"的南网企业文化在王炳益身上恰恰是得到了最好、最深刻的见证和体现。

每一个职业、每一份工作都是一种社会存在,它的价值和意义绝不仅仅局限于岗位职责本身,而是以职责内涵为核心,有着广阔的企业、社会外延的价值潜力,我们所要做的,就是创造性地发现、挖掘和延展这种价值。这种职业素养并非今天和未来才需要,事实上,只要我们回顾以往无论是国内还是国外,也无论是国企还是合资、私企,几乎所有我们耳熟能详或是有所了解的那些职场英才都别无二致地具备这类关键的素质与能力:马恒昌、吴运铎、马万水、赵梦桃、李素丽、张炳贵、邓稼先、杨进京、傅光明……不仅是这些被授予了巨大荣誉的劳动模范,还有那些为国家科研及技术进步做出巨大贡献的科学家们,包括众多默默无闻,甚至隐姓埋名为国家奉献青春的"两弹一星"功臣们,以及那些并不广为人知的各领域、各行业的职场精英们——仅在我十多年来所到过的千余家企业里就结识了数十位杰出的代表,而他们也都被视作企业和行业的中流砥柱,备受尊重。

• 一切从职责开始

企业对一个岗位的基本需要,也就是对在岗员工的核心要求,就是员工承担的具体岗位职责。无论是企业招聘员工的简章(广告),还是企业的《岗位职责说明书》,都会十分明确地表明一个岗位的主要职责。因为企业设立任何一个岗位,都是为了让这个岗位分担企业运作系统中必要的那些功能,作为一个追求高效的企业系统,必然要求它的每个子系统以及岗位充分发挥其职能,那么,有效地承担岗位职责、发挥岗位价值,就是每一位岗位员工最根本的立足点。一个员工不能承担责任、履行职责,就意味着岗位价值的缺失,他也就失去了留在企业的现实意义,而任何部分的责任缺失,则意味着工作的损失和漏洞。

由于我们社会发展变革中的一些历史因素，以及传统观念在许多人思想深处留下的一些片面认知的影响，在许多企业里出现了一些"怪病"，尤其是在体制内的企业中，部分员工入职后与入职前似乎发生了某种莫名其妙的"质变"，他们与入职前的"一无所有""孑然一身"相比，入职后似乎就有了"保障"和"依赖"，似乎身为企业一员，其身份感远大于角色感，获得感也远大于责任感。在许多人的观念中，工作表现的好坏不应当影响其身份感，是否能尽到职责不应当影响其收入，甚至工作做不好似乎也无可厚非，能力、态度、知识水平的欠缺也不构成对自己身份和职位的任何动摇。这种扭曲的认识和看法其实已经成为企业机体中的毒素和病菌，危害着企业的健康和生命力。

很多员工根深蒂固地认为在体制内的"安稳"是理所当然的，无论自己能力如何，业绩好坏，都心安理得地自在度日，工作做不了、业务不懂、技能不会都不是自己的问题，经常能听到"我不会""这个我做不了""这不归我管"这样的答复，至于工作怎么办，问题怎么解决等与他无关，那是公司和领导的事情；可一旦面临利益受损，特别是跟自己的收入、福利、绩效奖金有关的问题，却锱铢必较，争夺起来"劲头十足"；对于企业投入巨大成本所提供的各种福利同样觉得理所当然，认为都是应该的，跟自己的工作表现也没啥关系。似乎他们的身份就是那么特殊，特殊到既不愿承担任何明确的责任和义务，又不愿错过和损失任何与责任义务对应的利益，也就是所谓的"少干活，多拿钱"——最好是"不干活，多拿钱"。在他们心目中，"既想马儿不用跑，还要能够多吃草"，不仅能如此，还要求别人认为他很重要、有本事、有地位，而且要有面子。这样的人已经成了我们企业"三项制度改革"和"两个转变"的顽固阻力，与职业化人才的素质要求对比差距太大。

——某单位人力资源部部长

这种"病症"实质上是割裂了岗位与责任的整体性，将企业与员工的雇佣关系转移为社会对公民的庇护关系，进而混淆和误导了员工的角色认知。这种带有普遍性的片面认知已经成为阻碍企业发展和职业化体系建设的主要障碍之一。

　　企业作为社会组织和法人，固然拥有部分社会性功能，但那是基于企业作为社会主体存在的客观属性，而非企业的本质。忽视和削弱企业的生产经营本质而过度放大企业的社会治理功能，这本身就会扭曲员工与企业的正常关系，从而培育出惰性十足的非责任型职业人，而非尽职尽责的职业人。

　　当然，随着经济的发展以及企业改革的持续深化，我们相信，上述问题和"病症"将会逐步得到解决和减少。需要强调的是，对于即将进入和刚刚进入企业的新员工，应当率先从思想和认识上主动破除陈旧的从业观念，与时俱进，持之以恒，让自己迅速成长为勇担责任的职业化人才。

　　职业化员工必须是立足于岗位职责，进而通过创造岗位价值，与企业建立相互合作关系而追求共同发展。当然对岗位职责的认识程度和履行水平随个人的认知与综合能力的不同会有明显的差异，也就是我们前文所谈到的职业化素养的差异性，尤其是在职业精神与职业技能上的差别。这取决于企业最早在面试招聘阶段遴选员工时所作的衡量与抉择，以及对员工入职后的职业化培训所投入的力度大小。企业在招聘选拔阶段的任何疏漏和放松，都会增加之后的员工管理及培训的成本和压力，这也是近年来企业越来越"高度重视"招聘工作（尤其是校招）的缘由之一。

　　岗位职责包括工作内容、工作标准与工作责任。首先，要明确本职工作的内容，也就是工作对象、工作方式方法及其范围边界；其次是各项工作内容的量化要求，包括时间性、空间性、频率、达成标准和规范要求；然后是在各项工作进行中和完成后需要承担的责任和后果。掌握和了解这些重要的信息是我们胜任一个岗位的前提，并且不能仅仅通过书面文字的描述来"望文生义"，而是要在接触具体工作的过程中认真了解、观察、体会和总结，真正的职责含义远比岗位说明书中几行字所表达的内容丰富和复杂得多。

　　例如：岗位职责描述

1. 负责公司办公耗材的采购与管理。
2. 负责公司各类档案的归档管理。

3.负责公司各类会议记录及纪要编制。

......

类似这样的行政岗位职责描述很常见,仅从字面内容看似乎并不复杂,都是一些日常事务性内容。但这些看似简单的工作其真正含义却很丰富(见表5)。

表5 工作职责的细化

序号	职责	职责含义
1	负责公司办公耗材的采购与管理	1.各种耗材的分类、品牌、成本、供应商信息,确保日常供应、成本可控、质量稳定、品质匹配 2.耗材台账的建立与稽核(采购周期与批量),保持合理库存、满足应急需求 3.耗材发放(领取)流程与规范,领用合规、流程规范且便捷 4.耗材节约措施及推广,降低消耗、避免浪费 5.耗材管理合理化建议与改进
2	负责公司各类档案的归档管理	1.档案分类及分类方式,适合公司实际需要 2.档案编码及检索办法,科学高效、提高效率 3.档案保存方式及安全措施,确保无损毁、丢失 4.档案调取(查阅)制度流程,方便、快捷、准确 5.提高档案资料查询效率的改进方法
3	负责公司各类会议记录及纪要编制	1.会议记录的形式与格式,符合公司需要 2.各类会议记录的要求与特点,满足工作实际要求 3.提高会议记录效率的方法,便捷、高效、可靠 4.会议记录及保密责任,严格遵守公司规范 5.各类会议纪要的格式与特殊要求,符合工作需要 6.会议纪要的审核预审批流程,合规、及时 7.各类会议纪要发放的要求及渠道,准确无误、及时可靠 8.确保会议纪要的发布与收取到人,无差错

对这些具体、细节层面的职责含义的掌握才是对岗位职责真正的理解。尤其对于初涉职场的新人而言,需要投入足够的时间和精力在工作的早期,尽快做到"心领神会"。这绝不是什么高标准、严要求,而是任何岗位的从业者的最基本的任职门槛。

职责绝不仅仅是"做了",而是要"做到标准、做到位",也就是要达到各项工作的标准要求。我们在做任何事的时候都应当明确目标和"度"的要求,并且根据自身能力和工作的需要,在达成基本要求的前提下,追求更好的结果。基于现实状况的限制,大多数企业在岗位职责规范中都只能设定"做到位"的标准,因为许多人在实际工作中的表现由于"主客观原因"往往会做不到位。这些人习惯性地将"做了"等同于"做到位了",也就是缺乏我们之前所强调的执行力,要知道现实中许多人甚至都还没有"执行力"这个概念,他们做事的方式更多地还停留在根据收益、关系、心情和感觉而定的阶段,当然也谈不上职业化水平。而企业所需要的恰恰不是这种做事"不可控、不可预料"的人,而是能够真正承担职责和达成目标的员工,并期待着他们的更优表现——从做好到创新、从创新到卓越(见图13)。

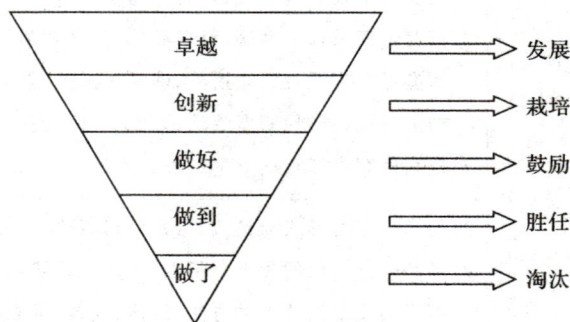

图 13　工作标准及趋势

另一个对岗位的重要认知则是责任意识,我们不仅要努力达成工作的要求和标准,并且要对最终的结果(后果)承担责任,也就是对工作结果产生的对人、事、物的作用和影响及后果予以担当,这种担当包括承认事实、过失和行为,承诺改进或纠正,接受处罚或奖励,承受结果对自身的积极或消极影响等。

我们知道任何企业任何岗位责、权、利都是不可分割的,尤其是责任与利益是紧密相连的。而"权力"并不属于个人所有,它是由第三方授予使用或被认可的功利性行为的统称,被授权方收回或者不被承受方接受时,权力就会丧失或者失效。你有权检查他人的工作,是公司授权你这么做的;你有权不批准别人的申请,是岗位职责所设定的审核标准不允许其通过;你有权指导下属,是因为职责要求。

因此,我们不必过多在意权力,而应当更多地关注责任,强化自己的岗位责任感。责任感不仅是职业化员工需要的品质,它是每个成人成熟的标志和起码的社会化属性,而在企业生产、经营、管理的每个过程和环节中,岗位责任感则显得尤为突出和重要。

一名公交车司机在行车途中突发心脏病,在生命的最后一分钟里,他做了三件事:

——把车缓缓地停在马路边,并用生命的最后力气拉下了手动刹车闸;

——把车门打开,让乘客安全地下了车;

——将发动机熄火,确保了车和乘客、行人的安全。

他刚做完这三件事,就趴在方向盘上停止了呼吸。这名司机叫黄志全,所有的大连人都记住了他的名字。

某服装厂的一名保安中午上班时在厂区巡逻,发现比较偏僻的原料仓库后门已生锈损坏,造成不能上锁,并且发现偶尔会有几名男员工进去,躲在一个角落里抽烟,于是这名保安马上回去报告了保卫科长。他说:"公司原料仓库后门没有上锁,还有人进去抽烟,可能会是一个安全隐患。"

保卫科长听说后,立即告知了仓储部主管。仓储部主管非常重视,马上将原料仓库后门已生锈损坏没有上锁的情况汇报给了厂长,并说:"现在原材料价格很贵,如果被盗损失会很严重。"厂长听说后高度重视这个情况,认为必须要上报副总,可是副总在外地出差,厂长只好打电话给副总,副总指示,你们协商后马上解决,我立刻向总经理和董事长汇报。

就在当天晚上11点多钟的时候,两名男员工又躲到原料仓库里抽烟。

然而他们在离开时忘记熄灭烟头，烟头复燃起火点燃了仓库里面的废纸，废纸引燃了原材料，引起仓库起火，大火迅速蔓延并烧到了车间。20分钟后消防车到达，消防员经过1个多小时的抢救才扑灭了大火。此次火灾造成了巨大的直接经济损失。

董事长火速赶回公司，紧急召开会议并追究责任。保安说我第一时间就报告了科长；科长说我告知了仓库负责人；仓库主管说我非常重视这个问题，并上报了厂长；厂长说，我觉得这个问题很严重，没有耽搁，第一时间就上报了副总；副总说，我正在出差，已给他们做了指示，并上报了总经理和董事长您呀（他们每个人都认为自己尽职了，没有失职）。

董事长平静地说："你们的意思是说，把问题和安全隐患告诉上一级就可以了，这次事件应该由我来负责，是吗？"

——本案例引用自网络，有改编

岗位责任感不仅仅是能认识到自己应该担负的责任和义务，更重要的是具备对结果承担责任的意识，也就是立足于本岗位的职能与资源条件，采取有效行动解决问题的意识。

第十二块纱布

一所大医院的手术室里，一位年轻的护士第一次担任责任护士，而且是给一位赫赫有名的外科专家做助手。复杂艰苦的手术从清晨持续进行到黄昏，眼看患者的伤口即将缝合，女护士突然表情严肃地盯着外科专家，她提醒说："大夫，我们一共使用了十二块纱布，您只取出了十一块。"

"我已经都取出来了，"专家断言道，"手术已经结束，立刻开始缝合伤口。""不，不行！"女护士高声抗议，"我记得清清楚楚，手术中我们用了十二块纱布，我这里现在只有十一块！"外科专家不理睬她，命令道："听我的，准备逐层缝合！"

女护士毫不示弱，她憋红了脸，几乎大声喊叫起来："您是医生，您不能这样做！"

直到这时，外科专家冷漠的脸上才露出欣慰的笑容。他举起左手握着的第十二块纱布，向所有人宣布："她是我合格的助手！"

——本案例引用自网络

因此,岗位职责是工作的起点而远非终点,只有充分而深刻地认识到一个岗位的职责内涵,明确自己在工作中的责、权、利以及工作标准,并树立起坚定的岗位责任感,才是真正懂得了这份工作。

• 掌握人际、做事、言行的尺度与规范

企业是社会的一部分,但企业并不等同于社会,企业与企业哪怕是同行,其差别也大于共性,每个企业都有自己的组织文化,无论是否建设有企业文化体系,也无论其企业文化是何种层次和定位。对于每一个新进员工来说,都需要尽快地了解和熟悉企业的主流文化,而企业文化无非包含三个方面:价值观、思维方式和行为习惯。对于初入职场的年轻伙伴来说,更直接和更有效的“融入”方式或许是了解和掌握所在企业人际关系、做事方式、工作言行的尺度与规范,因为它们是企业文化的最直接体现,也是快速适应新环境的具体要求。当然,在决定加入一家企业的过程中,我们就有必要了解并认同该企业的价值观和经营理念,这是根本性的抉择,并且从长远来看,它们将会深刻影响和决定一个人的职业发展,只是在一开始显得不那么明显罢了。

企业中的人际关系带有强烈的个性化色彩,每个企业都有自己特定的人际交往特点和风格,其中也包含着许多的惯例和规范,需要加以关注和适应。考虑到不同人群之间的差异性,尤其是涉世未深的年轻人,在人际关系上的融入更强调“适应”而不是改变和创造,更不要奢求“我行我素”的特立独行,在我们还没有能力影响和改变组织(部门)的业绩之前,就没有资格和必要试图去改变组织本身。“适应—创造—改变”是职场生存发展的必经之路,一个组织(部门)先于我们的到来已经存在着,每一个新加入者都必须先克服组织的“排异现象”而成为机体“融洽”的一部分,而后才可能通过自己对组织的价值贡献和影响力来对组织原有的结构、关系、行为方式产生一定的建设性作用,促成组织发生变革(变化)。那种不顾及组织形态及成员感受,甚至从一开始就我行我素、个性行事的职场新人显然是莽撞和不负责任的,大多会因为“无法适应”和不为组织所接受

而潦草出局，个别人即便勉强存留也会因长期无法获得认同而徘徊在组织的边缘，格格不入的角色与事倍功半的努力交织在一起，只会让自己陷入职场死胡同，难以解脱。

我并不是戴着有色眼镜看他们，是某些新员工没有搞清楚状况，年轻人有个性我能理解，但工作不是靠个性来完成的，公司也不是靠个性生存发展的。有些人甚至分不清工作和生活的场景区别——在办公室跟在自家客厅毕竟应该有所区别吧？对待客户毕竟不能跟街边路人一样吧？我们的管理已经算比较人性化的了，但是尊敬老员工、尊重同事的工作还是应该的吧？刚来部门没几天，就得罪了几乎每个人，嫌老员工穿衣服老气、落伍，嫌年轻同事抠门儿、不舍得花钱打扮，说吃泡面的同事穷命，看不起开国产车的同事，自己也只是刚拿了驾照而已；好像从来不会用个礼貌词儿，总是你、你的；工作手册、产品手册、销售培训资料给了一个多月了，基本没见人家翻过，这些资料被堆在桌角儿那已经落了一层灰了，有点儿时间就在那儿玩游戏、刷视频，业绩还不到别人的零头，可投诉已经破了部门纪录了……

——某公司销售经理谈新人招聘

不同组织的行事风格与方式也不尽相同，例如销售部门、财务部门、行政部门以及生产部门，其通常的工作模式和沟通习惯各不相同，对于新加入者而言，同样先要熟悉和了解这些"惯例"。但不同于人际关系，考虑到工作方式的最终目的是提升绩效（效益），一些新的行事风格与工作方法是可以积极尝试的，但这必须是基于对原有方式的充分了解和尊重，以及拥有足够的信心和实力确保更高的效率和绩效，否则，就会招致不利的评判或引发不必要的矛盾。因此，除非有足够的把握和实力，并不建议在一开始就在行事方式与风格上"与众不同"，特立独行就如同高空走钢丝，是要有实力和底气的。对于岗位新人而言，则更应本着胜任的出发点加快适应和学习，而不要盲目地标新立异。

在工作语言及行为规范方面，试图改变或者打破常规没有必要，作为企业长期以来形成的工作语境和行为规范，最好的选择就是先接纳并快速同步，在这些方面的创新与改变所带来的积极作用，远不及因不熟悉或违反既有规范所带来的负面后果影响大，既然得不偿失，也就没有必要贸然去尝试了。相反地，能够迅速适应企业的言行规范和工作环境，尤其在行为举止上较为严格地遵守和践行企业规范的年轻人，更容易获得周围人的认可和管理层的好评。言行举止上的同步，是融入组织最直接和最高效的路径。

值得一提的是，企业中大部分"特别"的语言和行为习惯往往都是由那些曾经为企业做出过巨大贡献或是取得卓越成就的人"留传"下来的，这或许对职场新人也会有所启示。

四 参与和融入具体的工作中

▼

• 勤奋地参与到尽可能多的具体工作中去

你的注意力和时间在哪里,结果就会出现在哪里。对于职场新人而言,似乎周围的一切都很陌生,而如果有朝一日在同样的环境中回顾它们的时候,你或许会疑惑当初为什么会那么在意自己的那些个人感受,而不是周围的人、事、物和环境本身。尽快将注意力从自身转移到他人和工作以及周围尽可能大范围的事物上,是进入企业最初阶段的最佳选择。俗话说:人太闲了,会闲出毛病的。而对于职场新人而言,一旦闲出了某些毛病,更会后患无穷。

比如过于敏感,过分在意来自他人的看法和评价,以至于显得脆弱和被动,而事实上,周围绝大多数人并没有我们以为的那么关注和在意一个新人,尤其是他的感受、情绪。他们原本每天都需要面对业务和琐事,如果说什么人最能引起他们的关注,那一定是当下对他们至关重要的那些人,比如上司、重要客户、竞争对手或者是他们的家人。对于初来乍到的新同事(还未必留下来),他们会注意但不太会关注——除非你异常出类拔萃或是触及了他们的切身利益。

人们更在意的是工作和事件过程中的你,而不是你自己心目中的你,也就是大家真正关注的是你的"他我",而非"自我"。涉世未深的年轻人本能地会以"自我"为中心去考虑问题,这在青少年的发育、生长、教育阶段无疑是可以理解的,但在成为社会人,进入企业环境中,从消费者转变为生产者角色的时候,我们就必须切换到以"他我"的角度思考并处事。这个转变是痛苦的,意味着需要舍弃已经习惯许久的思维和行为方式,去接受陌生甚至是难以理解和接受的事物,而且一开始难以准确把握其尺度和分寸,不知深浅,难免出错。解决这种"困难"最佳的方式就是"积极参与到具体的工作中去"。积极参与无疑是广受欢迎的方式,对于老员工和各层主管们来说,他们所看中的并不是新人到底有多大能力和多高水平,或者能做出多少成绩,而是新人对待工作的热忱和行动力,也就是人们常说的积极和勤快。对于年轻人在工作中可能会发生的大小差错,他们反倒会因此而更加包容。

　　"作为新人,最大的劣势就是什么都不知道,因此,最大的优势也是什么都不知道。"小杨在谈到自己开始转变的最初想法时这样回顾,"所以当我主动做事、主动提问、主动去请教别人的时候,几乎没有人会拒绝,因为在他们看来我什么都不懂,只要我肯问,只要我提出请求,几乎不会遭到拒绝,虽然偶尔会感觉对方的态度和语言不那么尊重自己——话说回来,人家凭什么要在意你的感受?一个什么都不会的新人,说难听的,有没有你对人家没什么影响,人家又凭什么来重视你?别人不教你又没什么损失,教你也没什么好处不是?而且绝大多数情况下,别人并不是针对你这个人的,人家的态度和说话就是对事而已,是你自己想多了,又太脆弱,怪不得别人的。""那你是怎么坚持下来的呢?"我问小杨,"毕竟这个过程很枯燥,而且并不容易坚持呀!"小杨缓缓地吸了一口气,说:"其实也有冷嘲热讽的!自己也显得不合群儿,同期来的那几个兄弟就不太跟我玩儿,但是我觉得自己这么做是值得的。我发现工作里面有着很多值得关注的东西,比起吃喝玩乐什么的要丰富有趣得多,您也看到了这里的生活条件也就这个样子,偏僻的小城市,日复一日,没什么太多新鲜的事儿,而工作却是个很广阔的空间,是个人苦乐那点事儿不能比的。所以我不想停下来,更不想放弃,别人怎么说、怎么看,我回避或者不在意就是了,太在意别人的看法,玻璃心,那是没长大的孩子么。""那你都关注了些什么呢?"我继续探问。"主要是专业技术和工作上的方法、思路,您也知道,我们是做调度的,技术性和经验要结合起来,规范性和技巧都要讲,有许多东西值得研究和琢磨;而且还有好多别的相关工作其

实也必须要做，像培训工作、班组文化、安全工作、学习竞赛什么的，还有管理方面，老师您不是也讲了，当好一个基层班组长要提前学习很多东西，比如一开始我是不敢做绩效面谈的，不知道怎么谈，挺怕的呢……参与的工作（业务）多了，做的事情多了，心里就越来越踏实了，因为懂的越来越多，会的也越来越多，对周围的事情包括人就越来越能把握得住了，做事也就越来越有方法和信心……很快，大家对待你的态度就不同了，而且跟对待其他新人也不同，我觉得那是认同和信服，已经忽略了年龄、职务和资历的那种认同和发自内心的服气。"

在企业中，人是以工作的方式存在的，我们为工作而来，是工作过程和结果确定我们的角色和身份，给我们定位与评价，决定我们的个人价值和回报。因此，只有积极地参与到各种具体的工作当中，才是融入企业最有效的行动方式之一。

当然，对于新人来说，不会也不可能参与企业所有的工作和活动，毕竟存在着部门、专业岗位的区分与限制，能参与的自然是企业要求或允许的、以部门职能为核心、以岗位职责要求为主的相关工作。问题在于，许多新人往往会消极看待这些工作，不愿意做/参与，更不愿意多做/多参与，只完成上级指定的、常规的、简单的、不需要持续学习、不需要消耗更多精力或时间的工作，再加上"在岗即等于尽职"的错误观念和认识，实际表现与岗位要求相去甚远，导致无法弥补和挽回的消极后果。许多人早早离职或频繁跳槽，有些人勉强留用，但表现总是不尽如人意，更多的人则错失了职场第一步的先机，输在了起跑阶段，此后即便再出现良好的条件、环境和资源，也难以完全弥补最初的迟滞落差，留下长久的遗憾。

现在回想起来，还是第一份工作对我影响最大，之后十几年来换了几次工作，也算比较幸运，机会和条件还都不错，但是一些最根本的认识和做事原则，都是在最初那几年的时间里不知不觉打下的基础。其实挺后悔的，当时我完全有条件可以做得更好，也应该坚持多待几年，在当时很多不理解的事情，现在都有了深刻的体会和感悟，有些事在当初做的时候其实不明就里，只是跟着做或者试着做做，但见识过跟没见识过是不同的，自己做过跟没做过也有天壤之别。可以说那时候误打误撞经历过的一些事，却让我至今仍受益匪浅，而且有些事在不同的时间遇到，意义也是不同的。我相信，如果让我回到十几年前重新入职，我一定会抓住机会做得更好，不是为公司，而是为我自己。

——一名来咨询职业规划的企业部门主管

　　"当时我刚进公司才一个多月，公司要派人去学 BIM，没人愿意去，老员工手上都有项目，都忙着赶进度（挣钱），新人觉得那个太虚，高大上，离实际应用还远着呢，而且周围没人懂，肯定难学又没用，还不如争取接点儿设计图做做更实际。领导问我愿意学不，我就说行！为啥？我年龄小（上学早），脑子也够用，既然说 BIM 是未来工程设计的趋势，那肯定就有它的道理，而且公司总得派人去学嘛，都不去，那我去就是了，公司花钱我学东西，总不是坏事儿吧。"张林谈起最初的选择很是有些感慨，作为设计院 BIM 项目的负责人和最年轻的中层干部，他在业界如今已经是小有影响力了，此次课程结束就要去外省给同行企业做 BIM 技术培训，还特地向我问了一些讲课的技巧问题。"我挺感激院里的，那个机会太重要了，一般年轻人刚毕业，分到设计院，基本上就是画图，一年一年地画图，也不知道还能干啥；可我不这么看，新人其实是有很多事情可做的，只是很多人不在意，不愿意去做，因为没啥好处、没收益。""那你为什么愿意去做呢？"我探问道。"多学东西呀，这么大一个设计院，从院长到各个研究所，再到各个部门，不会是只有画图这一件事儿需要人做吧？党建、企业文化、文体活动、项目管理、行政事务、公关活动、制度建设、规范建设、技术革新、部门配合、培训辅导、讲演辩论、师带徒……有机会就要多了解，最好的机会就是参与到各类工作和活动中去，只要是能参与的就参与、能做的就去做，无论大小，也不论干什么，都是跟人和事打交道，认识的人越多，经历的事越多，懂的就越多，也就了解这个行业更多更深么。BIM 项目是个立足点，也给了我启发，年轻人刚到企业来，一定要多做事，哪怕是不起眼儿的琐事。

——某设计院 BIM 项目负责人（23 岁）

职业生涯是一场马拉松，从起跑到分段到冲刺，每个阶段都有它的规律与技术要求，每个节点也都"失误"不起。对于新人而言，积极主动地参与到企业各类工作和活动中，是快速熟悉企业、了解业务、增长见识、建立人际关系并打造人脉的重要途径，在这个"赛段"上的积极表现和积累，将为自己迅速打开一个良好的局面。

• 找到每项工作正确的出发点和明确的导向

很多看似平常的事情，不同的人用不同的方式去做，往往会出现完全不同的结果和价值。

一天中午休息时间，主任突然叫我去他办公室，挺着急的样子，原来刚接到通知，开发区主管领导下午4点要来我们产业园调研，很可能跟我们申请的一笔补助资金的审批有关系。事关重大又突然，主任让我马上着手整理资料：园区提升方案、草图、初步预算、近三年园区各项指标汇总、园区企业最新动态等。交代完临走又提到会议室，"就用那个贵宾厅吧，找人布置一下"。时间紧急，我赶快回到部门开始安排，因为下午还没上班，有两个人正在楼下吃饭，连带着一个原本出外勤的都打电话被叫了回来。安排完资料的事儿，想起会议室要收拾准备，刚来部门实习的小刘正派上用场，于是找到钥匙交给他："下午有个非常重要的会要用贵宾厅，你去布置一下，有什么需要直接找保洁和咱们物业的人，3点前要准备就绪。"小刘点点头，拿了钥匙就上楼了。我转身接着跟进资料准备的进度，毕竟这才是最重要的事儿。

时间很快就过了3点钟，资料准备接近收尾，我突然想起来会议室应该去看看了，于是拿着要装订的文件到前台嘱咐完，顺道上了3楼，直奔最西边的贵宾厅。

推开门的一瞬间，我都懵了：屋里光线暗淡，窗户紧闭，一股长久无人进出的陈旧气味还夹杂着烟味儿，茶几上覆着一层灰，随意摆放的几盆绿植叶子都发黄卷边儿了，地毯……我不由得一股火就要冲上脑门儿，这时旁边一扇侧门开了，小刘正拿了瓶东西走进来，还立刻关上了那扇门。"小刘，你！"

"主任呀,您来了!"小刘显得有些意外,但是还显出一副挺高兴的样子,"都准备得差不多了!"我正准备质问,他又转身把那扇门打开了,说:"哦,主任,是这边的会议室,您注意踩在白布上走。"我有点糊涂了,不就是这个会议室么,我记错了? 挪步随着他走进那扇门,门的另一边,完全是另一个世界!

已经是下午,偏西的金色阳光穿过纱窗洒在华丽的地毯上,窗明几净,所有的皮沙发都透着柔和润泽的深红色,灯带散着均匀的暖光,八盆绿植鲜绿挺阔,虽然品类姿态各异,但修剪得精致漂亮,茶几上的抽纸盒、茶具、果盘和烟灰缸也别具匠心地摆成新颖的样式,空气清新,还有一股淡淡的柠檬香……靠近两个门口的地毯上铺着白色的保洁布。"领导,贵宾厅有一阵子没用过了,物业上个月把原来的一个大厅隔成了两个厅,我看过旁边刚才您进去的那个,大小布局跟这个都一样,但是采光不好,我就选了这个光线比较好的。"看着我有些诧异的表情,小刘赶紧解释起来,"我问了准备资料的陈姐,说是来调研的领导有三四个人,加上咱们领导,这个会议室大小足够用的。"我点点头:"挺好,还空几个座位呢。""是呀,不过长时间没人用,灰很大,绿植都蔫儿了,我就叫了几位阿姨上来,彻底打扫了一遍,开窗换了风,干洗了一下地毯,沙发也喷了护理剂,窗帘窗纱也处理过了……哦! 灯带里有两个灯管频闪,电工已经换了,绿植么,是我临时从大厦里别的单位借来的,就用几个小时,我去给人家说了点儿好话……"小刘说到这儿有点儿顽皮地笑了。看到我注视着茶几上的摆放,小刘又解释道:"听说来的大领导曾经是位有名的建筑设计师,我就想着摆得别致好看一些,照我朋友给发的图片摆的,您看可以不,不行重摆?"我脱口而出:"挺好,就这样。"小刘开心地晃着手里的空气清新剂跟我说:"我刚才已经喷过一遍了,领导们开会前,我再给空调滤网上喷一点,嘿嘿……"

那天下午会谈结束后,主任很快又叫我去了他办公室,看着主任满面春风的笑容,我猜测领导们谈得很顺利。"今天你们的准备工作真是起了大作用啦!"主任笑眯眯地端着他最心爱的茶杯喝了一口,"会议室布置得也很用心! 领导一进门就说感觉好,结束时又说今天心情很好!""领导心情好,那跟您谈得当然更好了吧?!""呵呵呵……"主任开心地笑了。

周一的例会上,我汇报工作时,特意提到了上周会议室准备工作是刚到部门的小刘完成的,并感谢了人资部为我们部门选配到这么出色的年轻人。

事后我问过小刘,他怎么知道那位领导曾经是设计师出身的,小刘说他在陈姐那儿问到了姓名上网查了……

——某开发区产业园管理处周主任

事实上,企业每天发生的大小事件及产生的工作成百上千,它们分散在各个部门各个岗位上。每件工作的发生、源起、问题所在、目的和工作目标都有其内在的联系,同时也存在着多种解决方式和各种各样的可能。用心去思考和研究这些内在联系,寻找和选择最恰当的措施方法,达成最佳的结果,是职业化员工最有效的工作状态。我们可以将各类工作大致分为以下四类。

第一类是本职工作范围内的常规工作,也就是无须上级或他人指示和安排,按照分工和流程自主完成的那些工作。这类工作的目的性非常明确——达到并适度超出岗位要求,且不断提高效率。它要求熟练掌握业务知识和技能,避免出现差错和失误,各项标准在"达标"的基础上尽可能略高一些,合理安排工作时间和先后顺序,缩短"必须时耗"。

第二类是受委派发生的工作,包括上级安排、其他部门/同事寻求协作,以及客户、下级部门需要解决的问题。这类工作基本上是"无法预料的",因此带有随机性和不确定性。对此类工作,首先要了解清楚其缘由和目的,"为什么会发生这件事,要达成什么目的",这里的"目的"包含两个维度:委派人的目的和工作本身的目的。这两者有时是一致的,但经常会不一致,需要留意。

举例:

一致的情况:

1. 负责做会议记录并整理起草会议纪要;

2. 给办公室再买三个文件夹;

3. 校对部门工具手册草稿;

4. 给客户邮寄指定的新产品资料。

不完全一致的情况：

1. 过节礼品征求大家意见；

2. 为重要客户买份礼品；

3. 修订某岗位的岗位职责说明书；

4. 给客户邮寄新产品以促销赠品。

完全不一致的情况：

1. 有员工申请额外报销费用；

2. 代替领导接待不速之客；

3. 接到客户要求赔偿的无理投诉；

4. 邮寄客户要求追加的促销赠品。

在委派人的目的和工作本身的目的完全一致的情况下，可视作本职工作范围内的常规工作，高效率地达成，并征询委托人的反馈以便后续改进。

在委派人的目的和工作本身的目的不完全一致的情况下，必须要了解清楚两者之间的差距，特别是委派人的要求有哪些特殊性，尽可能权衡处理，也就是采取折中略有倾向性的方式加以平衡。

在委派人的目的和工作本身的目的完全不一致的情况下，一定要判断两者的利弊及取舍，做出有明确导向性的选择，并尽最大可能减弱对另一方的影响和后果。

第三类是主动创新类的工作。这类工作不是由上下级或外部委托的，而是自主发起的，包括根据工作需要自觉所做的改进、创新、优化和研究性工作，以及为提高效率和质量向上级和同事发起的协作性建议和计划。

第四类是突发应急事件。这也就是随机、不可预知的应急事件，自己正好处于现场或作为当事人应立即做出反应和行动的事，如安全事故、灾害、抢险、见义勇为等事件。遇到此类事件时应沉着、迅速行动，在保障自身安全的前提下，遵照相关规范和惯例及时处置，将伤害或损失减到最低。

职场新人主要遇到的是第一类工作，基本都是本岗位分内的职责，能够尽快掌握并独立工作是首要的。一般来说会有一个工作交接或者交付环节，即之前负责该项工作的老员工或主管会当面将工作交付给新人。这个

环节非常重要,也很关键,它直接影响到新人继续该工作的表现和成果。作为新人,可以从以下几个方面去把握好这个"机会":

1. 询问该项工作的目的、来源、达成结果及影响;

2. 完整记取该工作的流程、步骤、方法及所需工具设备;

3. 请教注意事项和相关"经验";

4. 当面演示(模拟试做)或口头重复1、2所得到的信息;

5. 前一、二次实操工作后立刻征询反馈意见并立即改善。

当然,新人接受工作的效果也会受到交付人的态度及能力影响,但在这里我们更强调新人的态度和处事方法。至于交付人方面可能存在的问题和"不利"影响,也要通过新人更多积极的行动和有效的沟通来弥补和改善。

至于第二类工作,对新人更具有挑战性,但又无法完全回避,最关键的一点就是在接受委派时的分辨力——委派人的目的和工作本身的目的是否一致。鉴于新人对企业并不熟悉,经验不足,可以采用以下方式加以弥补:

1. 直接询问委派人的目的、要求以及事件起因、期望结果、惯例流程(如以前这种事"我们这里"是怎么办理的);

2. 向其他老员工(主管)再次"请教",以确定办理该工作的"量度"和"分寸";

3. 如有机会,平时就留心观察其他员工办理此类工作的方式和方法,并虚心请教;

4. 如果企业有"师带徒"计划或指定有"导师",则要充分借力于师傅。

之所以要如此重视在开始工作前准确分辨委派人的目的和工作本身目的之间的差别,是因为要确保所有工作有正确的出发点和明确的导向性,而这两点又是最终评判工作价值的先决条件。出发点与导向性上的错误和偏差是对全部工作的根本性否定,无论其他要素(态度、技能、方法)多么出色都无法挽回失败的结果,而这又恰恰是新员工最容易忽视,也是最薄弱的环节。

• 把握工作目标、所需能力和评价标准

工作目标：该项工作在一个评估周期内所需要到达（解决）的程度和要求。

所需能力：完成该项工作所需的知识、方法、技术要求。

评价标准：企业（上级）对该项工作的过程及结果的评价维度和标准。

上述三个方面是做好一项工作最核心的参照系，也是我们提升对工作的认识和掌控能力的关键，经验丰富的员工首先对工作目标有着清晰准确的了解，对工作目标的认识和判定可以遵循 SMART 原则。

S 代表具体的（specific），指目标必须具体明确，不能笼统，不能存在歧义和模糊性；

M 代表可衡量的（measurable），指目标要数量化或者行为化，验证目标成果的数据或者信息是可以获得的；

A 代表可实现的（attainable），指工作目标在付出努力的情况下可以实现，避免设立过高或过低的目标；

R 代表相关性（relevant），指所制订的目标与工作的其他目标是相关联和一致的；

T 代表有时限的（time-bound），指达成目标所需要的时间限制。

具体来说：

工作目标必须是具体的（S）。"分析销售数据"不够具体，而"分析一季度销售数据"就具体得多。具体的目标要在时间、空间等限定因素方面尽可能排他，避免模糊性和不确定性。

工作目标应当是可衡量的（M）。尽可能使目标量化，也就是用可测量数据和单位来描述目标。"我们必须尽快提升产品质量"就是一个无法衡量（对比）的目标，"我们要在一个月内将优良率从 20％提升到 50％"则清晰而且准确。目标的量化同时也为工作结果的验收提供了明确的考量标准，避免了对工作成果的评估偏差。有些工作比较难以用数据来描述目标，我们可以采用"标准化"或者"样板化"的方式提供一个可以对比的参照物，类似

于加工中的"合格样品",以及工程材料的"封样",使得工作的结果有一个可以对照的标准状态。例如服务礼仪,就是通过标准化的演示和样板来确定合格与否的。许多行为类、素质和态度类的目标标准也都是通过类似的方式加以"衡量的"。

工作目标应当是可实现的(A)。目标的实现必须基于一定资源条件,以及有可行性的执行力。如果目标过高,超出了客观规律和条件的支持,或者执行能力不足以实现,那么这个目标就是不切实际的,强行提出过高的目标往往会适得其反。

工作目标应当是相关性的(R)。个人目标与上级目标及组织目标,岗位目标与相关其他岗位目标,短期目标与中长期目标之间需要协调一致。在目标协同以及时间和资源匹配等方面要达成平衡,避免孤立地追求某一项目标而造成系统性矛盾和冲突。

工作目标应当是有时限的(T)。不同难度和量级目标的实现不仅需要各项资源的支持,也受时间的限制。目标时限过宽会造成资源浪费和效率低下,而时限过短则可能使目标无法实现或者是过程紧张而造成压力过大和细节疏漏,影响质量和品质。合理的目标时限是对人和资源的双重负责。

当我们接受任何一项工作的时候,都需要通过各种方式明确该工作的目标要求,并以上述 SMART 原则去衡量这个目标的"合理性",这样做是负责任的态度,不仅对自己工作的开展具有指导意义,同时也是对工作分派者的支持和帮助。

完成一项工作或是达成某个目标还需要具备相应的能力和技术,至少在接受这项工作时必须清楚都需要哪些知识、方法和技能,这是我们顺利完成工作内容所必需的基础,同时也是个人学习和提升的最直接方式。一些年轻人经常不知道具体该学习什么,总以为只有继续深造或者是考取某些证书资质才是"正式的"学习,也才觉得这才是"实际的"学习,其实在工作中就具体的工作目标,对所需要的知识技能的掌握和巩固同样也是很实际的学习。即便是已经掌握的知识和技能,在不同的工作和目标上,其应用和展示手段也会有所区别。所谓"温故而知新",从知识到能力再到认知,是一个不断转化和升华的过程。即便是一项普通的技术，本着精益求精的态度不断地训练和研究，也能够熟能生巧，成就非凡。知识和能力既可以在横向上拓展丰富，也可以在纵向上深化再造。

　　细微之间，辨别汽车模具瑕疵；毫厘之处，消除模具积累误差。从事汽车车身覆盖件模具调试维修工作25年，刁建兵精益求精，在数吨重的模具台边执着坚守，在保证模具精度与稳定性的同时，创造出了属于自己的独特工法。

　　蹲在数吨重的钢制模具平台上，戴着护目镜仔细观察，45岁的刁建兵屏息凝神，手里拿着涂了着色剂的研板，他的目光紧盯着研板，对淬火印进行着色检查。"着色点不够，需要用打磨砂轮机打磨……"给一旁的工友说完要点，刁建兵便上手细细打磨起来……

　　一汽大众成都分公司的冲压车间里，上百台制造设备发出的噪声此起彼伏，模具维修师傅刁建兵在模具维修平台现场教学，他指着淬火印对边上的工友说："汽车模具在制造过程中，因为对功能区进行了热处理，常常形成淬火印，而恰恰这一区域很容易造成模具变形。""模具的变形程度直接关系到汽车车身覆盖件的质量，容不得丝毫马虎，需要一双火眼金睛。"刁建兵说，模具的变形程度常常只在细微之间，需要看到0.01毫米范围内的精细差别。从业25年，如今的刁建兵已然对光滑的模具形成了天然的敏感，哪怕一平方厘米内的着色点不够，他都能准确发现，然后用打磨砂轮机细细打磨。

冲压、焊接、涂装和总装是汽车制造的四大步骤，刁建兵所做的模具制造和维修就在冲压环节，是保证汽车零部件精度的关键。刁建兵介绍，传统的打磨方法虽然容易，但很多并不实用。尤其碰到新型汽车的车身部件时，面对不同的外表面件，旧有的方法常常失效。得益于常年在模具平台上的钻研，刁建兵对外表面件的成型及各类缺陷已了然于心，因而对如何打磨也有了独家窍门。"通过几年实践，我研究出了抛物线打磨法、刮削挑点打磨法和复合精研打磨法。"刁建兵说，比起以前的打磨效果要上生产线才能验证，如今新的工法既节省了材料，还缩短了模具维修时间，更省去了上生产线才能验证的必要。

平衡块装配是模具制造时的重要一环。一旦处理不好，模具就要在制造过程中反复研配，极大地增加了工作量。经过多年探索实践，喜欢琢磨的刁建兵又在传统的装配方法之外，新研发出两种工艺方法并获得专利。圆形的平衡块牢牢扎在汽车模具台上，刁建兵细心为工友们演示平衡块应有的精度。"无论是等高装配方法，还是平行装配法，目的都在于保证数控加工的精度。"刁建兵说，只有在模具制造和调试过程中消除了装配的积累误差，才不至于失之毫厘，谬以千里。同时，准确的平衡块位置，也能在模具的转场中，极大保证模具的稳定性。

压料面研配也是汽车模具制造和维修中的重要环节。以往，汽车模具制造和维修行业内有5种研配方法，但并不能完全有效解决在模具制造零件过程中，由于内压料面和外压料面拉力的不同，导致原件误差的情况。

刁建兵多年来总结出的压料面变量研配方法，则直接让模具在拉伸过程中，始终保持外压料面和内压料面的内紧外松的工作状态，从而实现模具的稳定性和规范性。

刁建兵还记得刚入行时，他对一个板料能在装备的冲压下成为不同的零部件充满了好奇和兴趣。由于天生喜欢钻研，刁建兵总是能找出现有工艺的缺陷，从而在实践中尽量避免出现类似情况。"经过多年的探索，形成书面的东西，最后总结为现在的创新工艺。"刁建兵结合自己的经历告诉工友们：做工匠不仅得精益求精、火眼金睛，还得善于钻研、敢于突破……

——引用自人民网

　　工作结果的评价标准往往并不仅限于工作目标所展现的范围，工作目标集中体现了对某项工作最核心和关键的诉求，达成目标要求当然是评价工作成功的主要方面。对于一项工作结果的评价与对完成这项工作的人的"评价"是无法分割的，这中间经常会同时关联到与之有关的态度、方式、效率以及对部分细节的评定和衡量，而这些关联评价并非真的"次要"或"微不足道"。其实在委派人看来，有时候人的表现和素养比事情本身还要重要一些，尤其是那些非常重视员工发展与团队管理的领导者，他们对于工作结果的评价往往是综合的、多角度的，而且看法独到，甚至出人意料。因此，在接受和完成工作的过程中，我们也有必要较为全面地了解和考虑工作成果应该从哪方面达成和体现出来，这也是我们所强调的执行能力的具体体现。

　　对于企业新人而言，最重要的莫过于能够尽快融入企业，胜任岗位和职责，培养出色的工作能力和职业素养，而达成这些成果的主要方式就是通过积极地参与并投入各类工作中，掌握工作的正确方式，学习高效工作的思维方式，做到知其然，亦能知其所以然。在这个过程中，任何工作，无论大小难易，对新人而言其实都是等价的，最重要的不是实际工作的结果能达成怎样的高业绩或者是好成绩，而是一个年轻人在这些工作过程中所展示出来的思维方式和工作方式，以及持有怎样的工作态度。"学会工作"比会做哪些具体工作更有价值，因为这才是真正的成长过程。

五 在工作中成长和发展

▼

· 让工作推动持续学习

个人能力来自知识的积累、技能的熟练和对认知能力的培养，从某种意义上说，工作本身就是一个学习的过程，尤其对于职场新人而言。我曾积极提倡我的年轻下属们将每天的工作看作是有目标的学习过程，而不仅仅看作是劳作和付出。从职业生涯的整个过程来看，职场最初的 3～5 年里，年轻人学习和自我塑造的成分要远大于他为企业"做贡献"的比重——当然我们不能否认他的劳动价值和贡献。但从新人长远发展的角度，我们更鼓励他们建立起这样的认知：抱持着持续学习的心态，将每件工作都视作自己在知识、技能和理念方面提升的一次机会，而不是只求完成甚至是应付了事的业务和任务；以执行力而不仅仅以业务能力为主导，通过不断地历练和积累，加快自我的职业化成长与成熟，从而获得相对于同辈人的比较优势。职场竞争首先就是在与同辈中的主流人群竞赛，所有的成功与成就，也都首先是相对于同辈而言，而后才会在更广阔的领域和更广泛的层面上被评价和认可。而作为职场新人，在这场同辈之间的竞争中，所有人能够赖以取胜的，也是几乎唯一能够采取的竞争手段，就是"快速学习"，而善于借助工作本身来加速学习，则是最佳的选择。

首先是知识的积累。知识的积累，关键在于学习习惯的养成而非单纯的"多读书"。在知识及信息"大爆炸"的今天，获取"知识"的成本越来越低，渠道也越来越丰富（读书只是获取知识的方式之一），而且在所能够触及的范围内，真正有价值（有意义）的知识和信息的比例却越来越小，因此"学什么"比"怎么学"显得更为重要一些。对于职业化员工而言，工作本身或许就是最好的学习指引，它能最直接和准确地提示我们需要学习和掌握哪些知识和技能，以及与工作密切相关的那些信息和经验。这种学习方式高效而且具有针对性和可行性，因此，从工作中获取知识和技能是积累知识的首选方式。每一个岗位、每一份职责、每一项工作都包含着大量必需的"岗位知识"，它们同样也是一个人从事这份职业所必需的知识储备。在工作过程中，主动去发现、收集、整理和延展这些"岗位知识"，是最基础，也是最重要的岗位学习内容之一。之所以强调要主动，是因为过往大多数职场新人都严重忽视了这种最重要的学习方式，甚至长期处于"岗位知识匮乏"的境地，其实际工作更是处于"机械模仿"和"盲目达成"的状态，也就是"知其然，不知其所以然"，这种状态的持续会阻碍新人的提升与发展，甚至会引发严重的认知误导——对岗位及工作的轻视和贬低。

许多岗位和职业设有执业资格或是取证考试的门槛，从政府监管和行业规范角度来说无可厚非。绝大多数员工在这种"强制力"的"逼迫"下才学习一些相应的岗位准入知识（技能），那些没有设定此类强制性的准入资质的职业和岗位，其从业人员的学习状况不容乐观。执业资格或者取证考试不应当也没有必要充当员工学习的指挥棒，而职业化成长的目标才应该是真正的学习引擎。更重要的是，岗位学习应当成为一种不可或缺的职业习惯，或者说成为我们工作生活的组成部分。无论在怎样的环境和条件下，每个人都没有理由放弃和停止学习。让学习成为习惯，是职业化员工的基本特征。具体到行动层面，除非迫不得已，这种习惯应当成为每天生活和工作当中的必要安排，并且因学习内容和目标的不同，还要做出合理的计划，其关键在于目标明确，并具有持久性。

多年来我一直保持着自主学习的习惯，无论身在何处，身居何职。当然这种学习同时也是"自由的"，以读书为例，凡是编印出版的书籍，拿来翻阅或品读，也都可以算作是学习。但工作一段时间后，我发现习惯性的庞杂阅读并没能让我获得内心的充实感和明显的收获，反而平添一份茫然和焦虑——工作上很难有所提升和突破，宽泛的学习和阅读并没有对自己的工作有什么实质性的帮助。作为职场年轻人，学习似乎更应该有所聚焦，要有方向性和目的性，这和"功成名就者"的修身养性、博采众长、兼容并蓄式的学习有所不同，对工作生活都处在起步和打基础阶段的年轻人来说，有太多"现实问题"摆在眼前，职务、职称、收入、业绩、能否受重视……而这一切又都取决于本职工作的成就和自身综合能力水平。于是我开始转变思路，从工作本身的需要出发，先从与工作紧密相关的和有助于改善工作成果的知识和领域学习，但书是读不完的，那么读什么、学什么就显得至关重要了。

我的工作是中学思政教学，对于理科班是副课，只需要参加会考，而对于文科班却是高考科目，讲好这门课，取得会考和高考的好成绩，需要怎么做？需要老师掌握些什么教材和大纲以外的知识和能力？在前辈的引导下，经过一段时间的摸索，我的思路逐渐开始清晰起来，"照本宣科"的机械式教学肯定难有好的成效，"立足教材，走出教材，丰富教材，回归教材"成为我对教学方式的尝试和探索思路，从教材和大纲出发，学习与之相关的新知识和新理论，收集与知识点联系紧密的新素材、新案例、新概念，结合学生实际接受能力和考试要求，将形式与素材的广泛性与教材大纲知识体系和思想主旨的严谨性有机融合，尝试改变传统授课模式，讲课与讲演融合，采用丰富多样的表达技巧，引入辩论和情景模拟等互动式教学，增强课程的吸引力和可听性，使理科生逐渐重视课堂并能认真听讲，让文科生能增强兴趣深入理解，我也从中体验到"游刃有余"的控场效果和对受众的感召力。在不断获得学生们的认可和尊敬的同时，也获得了周围同事和各级领导的认同和肯定，"与众不同，独树一帜"的教学口碑逐渐树立起来，讲坛新人的印记很快褪去，教学新锐的影响力开始展现。坚持学习是良好的职业习惯，立足工作的持续学习则是职业发展的"捷径"。

对工作技能的习得与熟练掌握，是职业成长的又一个重要方面。技能是将知识转化为工作结果的实操过程，当然技能本身也是一种知识，但其更具实践性，更强调应用的水平与成果。提高工作技能，一个重要的途径和技巧就是"刻意练习"。在多年的部门管理工作中，我和我的同事们曾长期践行着在工作技能和技巧方面的刻意练习,尤其是那些对工作结果和绩效起到重要和关键影响的技能。刻意练习首先要突出"刻意性",它不仅仅是工作需要时才加以学习和训练,而是倾向于追求某一技能本身所应达到的极致熟练度和精确性的挑战性、目标性练习,体现在看似"非必要"的大量重复和反复,直至达到一定的"不可轻易被超越"。其次是强调训练,也就是操作与演练,将技能做必要的量化分解,甚至编制训练手册,制订考核标准,就像在体育竞技运动的技术训练中那样,系统地进行持续的练习和评估,以保证技能掌握的质量与水准。越是富有价值的职业和工作,对技能要求的广度与高度越是苛刻,刻意训练也就更为重要和普遍。例如美剧《不要对我撒谎》中,雇员们甚至是克莱尔博士本人看似枯燥地反复在电脑上做着微表情训练,以提高和巩固自己对各种微表情的观察和判断力。

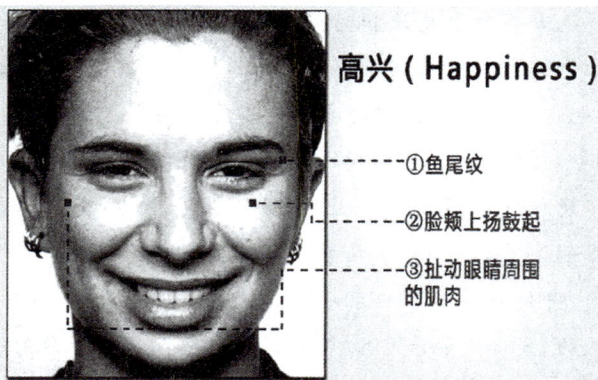

高兴(Happiness)
①鱼尾纹
②脸颊上扬鼓起
③扯动眼睛周围的肌肉

　　对思维与认知能力的培养是一个持久的强化过程,贯穿整个职业生涯。人与人之间根本的差别(差距)之一是对待事物看法的不同,而造成这种差异的是思维方式、能力水平的不同。对多种思维工具的把握与综合运用能力的不同,最终造就认知差异,而认知差异又决定着人和人的最终差别。在激烈的职场竞争中,同样也是认知决定出路,因此,我们持续学习和不断自我提升的核心目的,就在于建立科学有效的思维方法体系,不断提升认知能力。

工作中，从对最基本的概念、知识的掌握到对工作流程、方法和技能的熟悉，再到总结、反思和领悟，在这个反复强化的过程中，我们必须不断地思考和探寻其中所包含的那些分析、判断、逻辑关系以及价值评判的关键环节，从而理解和掌握其思考方式与思维模式，进而通过学习、交流与分析，在更广泛的领域和更多元的角度上加深对这些环节及模式的理解和认识。通过这个过程，我们最终所能够获得的将不仅仅是经验与才能的积累，而是更具价值意义的认知能力的提升。

工作生活中能做到换位思考并非易事，它常常被与"替别人着想"等同看待，然而这两者是有着本质区别的。深受长期的家庭和学校教育的影响，加之性格使然，在参加工作初期，我遇事会习惯性为他人着想，本着与人为善的原则，尽可能不给别人添麻烦，也尽可能去满足别人提出的任何需要，遇到利益冲突也大多采取礼让和对方优先的方式，工作中的不同意见和争执也尽量谦让和保留意见，这样做好的一面是人际关系比较和睦，很少出现纷争和矛盾，也落得自在。但同时也显得平淡中庸，波澜不惊，仅仅能独善其身，与世无争的表面之下是自我的封闭与成长的受限。

跨行做市场销售的最初几个月里，虽然勤奋努力，全力以赴，但收效并不大。在周围领导、客户和同事的影响下，我也开始反思自己的为人处世之道。在商言商，身处激烈竞争的市场漩涡之中，那种"与人为善"的不争，其实是无法立足的，尤其是在我们初来乍到抢占别人市场份额的阶段，这种行事方式显得尤为软弱和无力。商场即战场，换位思考不是替对方的得失考虑，而是本着自己企业和团队的利益和发展，从对手角度分析利害关系和可能的决策思路，从而做出最有利和最有效的"进攻"选择，换位但不能换立场，换位思考是为了知己知彼，更加主动地谋取胜利。与同事的相处中也同样不能一味地"不争"，而是要明确自己的发展目标和利益诉求，有底线有原则地合作共事。换位思考也并不意味着忍让和退缩，而是力求从双方的不同角度分析和理解问题，为更好地沟通和协作创造有利条件。

回总部做部门管理后，随着工作环境、对象和工作方式的转变，对换位思考又有了更深一层的理解。由于部门间的分工与差别比较大，部门下属不同层级之间的层次也存在落差,这就要求在沟通和配合过程中经常从对方部门或下级单位(员工)角度和认知水平出发进行谨慎的"转化"和"翻译",而不能简单地进行直接的要求、通知和传达,也就是要回归沟通与合作的本义:"要以对方能够接受和理解的方式来表达",因为我们分析问题和解决问题时的角度往往是有所区别的,甚至会因为出发点的不同,而不得不面对相互对立和矛盾的观点和意见。这种时候的换位思考,则显得更为重要和必要。

知道某个事物和懂得这个事物也是有区别的。了解问题和认识问题的差异,以及在不同阶段和环境下认识的不同,必然产生不同的判断和决策。随着对各种事物认识的深化和变化,我们所能应对的事情也逐渐更为多样和复杂,处置手段和方法也越来越丰富和多变,最重要的是,在这个过程中我们获得了成长和发展。

• 让工作推动自我成长

能够意识到工作与个人成长的紧密关系,这一点本身就难能可贵。在许多人看来,工作是工作,生活是生活,个人是个人,企业是企业,彼此之间似乎没有太多关系,甚至有人会刻意加以分隔,强调所谓的独立性,特别是职场新人们更倾向于个性的尽情张扬与自我满足。对于一个人的私人生活领域而言,这无可厚非,但当身处企业当中,也就是身处社会群体当中时,个性化的重要性和作用会发生改变,工作令私人空间与公共空间发生了交叉重合,个人领域往往同时也是组织领域,这时个性化不再居于主导地位,取而代之的是社会化和职业化。因而一个人的成长或者说自我完善,在进入企业以后,其表现形式和途径都发生了巨大的变化,从自然人转变为企业人,从个性化转变为职业化。

工作是推动个人成熟与成长最重要的动力来源和践行过程。现实当中,面对各种不同类型和专业要求的工作,在不断丰富见识和阅历的同时,要不断强化和提升我们的思想意识水准;在开阔思路的同时,工作也在潜移默化地影响着我们的价值观。当然,这种影响是多维的,需要不断地判断和调整并做出关键性的选择。我们注意到,同样的环境、同样的企业,即便是背景和条件相近的年轻人,在相似的岗位上经过一段时间的历练之后,其个人能力和水平,特别是认知能力和综合素养会有巨大的差异。如果身处不同行业、不同企业环境时,这种差异会更加明显和剧烈。因此,在某种意义上说是企业在造就人,也就是工作在造就人,工作及工作环境对于一个人的成长与发展起着至关重要的影响和作用。而对于年轻人来说,身处一定的企业工作环境中,更需要有意识地借助于工作过程,积极自主地提升自我、完善自我,这其中包含着一些非常重要的方法和策略。

首先,通过工作树立和强化目标意识和观念。目标意识对于一个人的成长和发展的重要性不言而喻,这种意识的由弱到强是可以通过"刻意练习"不断强化的。我们在工作中不断设定新的、富于挑战性的目标,并通过有效的计划和行动加以实现。在这个反复历练的过程中,设定目标、挑战目标将逐渐成为一种习惯,从而支持我们更好地规划生活与工作,并实现更美好的职业愿景和人生追求。随遇而安可以是一种不错的生活态度,但一个年轻人若想有所作为,则必须有目标意识和计划能力。毕竟无论是可利用的社会资源,还是人生的有效时间,对于每个个体来说都是有限的,目标的设定过程既是基于对现有资源的充分利用,也意味着对获取更多可能资源的探索,它能极大地激发人的潜力和创造力,从而奠定成功的基础。

目标意识和习惯是逐渐形成的,一开始是通过有意识地强化自己就工作任务而言的目标责任感。简单地说,就是对"这个任务一定要达成"的决心和坚持,但这很不容易,因为困难和干扰实在太多,借口和理由随处都是,而且人微言轻,自己的职位和成败似乎也没有多么重要。毕竟对公司而言,和自己一样的新人有的是,而且眼见太多人平庸度日,怡然自得,"看上去"也都过得不错,似乎时间和机会还很多,所谓试错成本也没多大,没有紧迫感和现实的压力,也就没有太强烈的责任感。然而,这却是一个巨大的陷阱,当我们稍微长远考虑一些,略微放宽自己的视野去看问题时,就会发现时间和机会其实非常有限,压力和危机却暗地里与日俱增,而我们自己还远没有能力和意志去真正面对它们。

记得在一个培训现场，老师发给每人一根细长的纸条，上面均匀地画着刻度，每一个单位表示 1 年，一共 100 年，然后让每个人设定预期寿命，撕掉多余；减去自己的年龄，撕掉一截；算出总的睡觉时间，也撕掉；再算出吃饭、购物、游玩、上下班路途之类尚能估算出的时间，加总，再撕掉……突然，安静的课堂里一位女学员突然大声地痛哭了起来！在座许多人都面色凝重，沉默不语……人生原来如此短暂！

也许是年龄和跨行的劣势带来的警示，也许是受到领导和导师们的感召和影响，我在工作中比较关注结果的达成质量，进而在过程中会更在意目标的导向性，一切行动都以目标为核心，都要有助于目标的实现，视目标的达成为"不可动摇的客观存在"。我常对自己说："结果已经在未来实现了，我（现在）所要做的，就是按照正确的步骤一步一步地达成它，如果最终未能实现那个结果，一定是过程中我的失误造成的，而不是这件事情本身有什么问题。"在这样的认识和信念支持下，我和我的团队完成了许多艰难的工作，也达成了一些在别人看起来不太可能的目标，甚至是那种一开始连我们自己都不敢想象的成就。在我看来，这并不意味着我们的能力有多强或运气有多好，而是强烈的目标意识和由此进一步延伸并逐渐形成的执行思维和持续创新所产生的凝聚力，它能使我们充分利用所有的资源，并高效和精准地聚焦于结果的达成过程，从而克服了那些看似艰巨的困难和阻碍，抽丝剥茧地寻找到难以察觉的机会和方法，进而抓住时机迅速采取正确的行动。目标意识帮助我们把复杂和艰难的问题变得简单和直接。

作为一种良好的工作习惯，凡事关注目标是个人内在的优势之一，无论面对多么艰巨和复杂的问题，如果能坚定并明确这件事的目标，就有了一个清晰的路径和行动指南，也有了选择方法和调配资源的基本框架，从而保证我们以理性的态度和行动去解决问题，而理性的思考和决策正是职业能力的重要根基所在。

其次，就任何一项工作而言，不同的人会有不同的看法，包含不同的角度、立场、目的和利益得失的取舍。了解和把握不同角色、不同主体的不同看法，不仅有助于更好地推动和完成工作，也有助于提升我们的认识水平和

判断力。在工作中充满了不同的意见和分歧,大部分人都不愿遇到这些"麻烦"的场景,而更喜欢看法一致带来的"一切顺利",殊不知分歧和不同才是事情的常态,而所谓的一致意见,不但少见,而且往往隐含着更多的分歧和背后盘算。因此,坦诚地正视意见的不同才是工作和生活的最佳方式,更重要的是,不同的意见中其实包含着许多真正有价值的东西,尽管现实当中许多人不愿意面对和承认它们的价值和意义,但能够"听取异议"并从中获取有意义的信息和方法,是一个人快速成长和提高自己的捷径。工作为我们提供了很多这样难得的"机会"。

工作中我会比较留意"不同的看法",包括同事的以及客户的意见。我这样做不仅仅是出于尊重和对合作关系的维护,事实上我会认真地听取对方的想法,包括反对意见,这可以帮助我了解和明确对方的立场和所充当的角色,以及出于怎样的动机和角度提出这样的主张和想法,有时候那些反对意见还能提醒我们所忽视的重要信息和因素。所谓"兼听则明",听取不同的和反对的意见,有助于我更全面和透彻地分析问题,从多个侧面审视自己原有的看法和思路,对最终的决策和行动大有裨益。

曾经有一段时间,经常有客户抱怨预定的货品要等很久才能拿到手,有的因此而选择了退款,前台们也反映库房送货不及时,一些货品要拖很久才能送到,甚至影响到为客户服务,每周例会上这些意见也都集中反馈给了库房主管,但是情况一直没有什么改观,甚至发生了销售与库房之间的争执和冲突,还有人投诉库管拒绝给某些店面送货,导致店面出现断货的情形。于是我分别找到业务经理、涉事前台和库房主管了解情况:经理认为库房工作效率低下而且不负责任;前台指责库房人员素质太低、态度恶劣;库房主管则委屈地大倒苦水,说店面增加太快,库房人员身兼数职,市场区域不断扩大,现有运力根本送不过来,而各店前台要货太随机,数量忽大忽小,有时库管刚离开店面就接到前台的要货电话……

经过几番了解和沟通,问题的根源逐渐清晰起来。随着市场的快速扩张和店面的迅速增加,库房原有的管理模式和人员(车辆)配备已经难以支持,销售经理和店面为抓住销售机会,全力加码营销以推高业绩,前台为配合销售增长,经常超量囤货,但促销策略和顾客需求变化波动巨大,导致货品销量冷热不均、忽高忽低,造成部分货品在前台大量积压,而另一些品类则经常断货,库房对此束手无策。前台和销售为了留住顾客就会随时向库房小批量要货,而库房管理的进出库流程和账务手续也要严格遵守。库管们一天几乎都在外面跑,既要送货,还要负责物流收货入库,并且还承担着公司的各类物资耗材采购等附带工作,早出晚归,疲于奔命,却还被业务和店面指责抱怨,个别库管的牢骚也就"演变"成了态度恶劣,甚至有库管负气离职,加剧了库房的工作压力,也有库房工作人员委婉表示两年来工作量增加数倍,但库管待遇一直没有改变……

显然,问题并不仅仅出在销售和前台,也不仅仅出在库房管理和库管们身上,而是市场发展规划和管理流程存在问题,或者说造成问题的不是基层,而是管理出现了滞后和疏漏。问题的解决也绝非仅靠某一方面的改进和提升就能实现,需要调整经营思路和结构布局,需要规范和提升营销策略和手段,需要加强前台人员管理,杜绝各自为政,也需要完善和改进库房管理流程以及配送货流程,需要改善库管待遇……通过深入和全面的分析,最终找到了问题的根源,厘清了思路,也抓住了问题的本质。系统性的管理提升和完善工作在之后的半年内陆续在全公司一一启动和落实,经营和发展也逐步转入更坚实发展的新阶段。

再次,每项工作往往都不止有一种思路或者方法去完成和解决,受制于每个人有限的经验和能力水平,我们经常很难意识到其他更多可能性的存在,但是当我们设法寻找和获得一种新的工作方法或者新的问题解决途径的时候,例如听取他人意见或者借助于团队的决策能力,我们就有可能在某些方面获得改变和提高。"凡事不只有一种解决办法",这个观点多年来让我受益匪浅,在条件允许的情况下,我甚至会刻意去"另辟蹊径",有意识地先不采用既成的方式方法,虽然这样做可能会有失败和额外代价的付出,但却并非得不偿失。尝试新的甚至是陌生的方法和渠道,这个过程本身会让我们从完全不同的角度了解到所熟悉的事物背后许多值得思考的问题。

一位学员在公司担任行政人事部部长,很显然,他们公司的行政人事部不是独立部门,四名下属分工很明确,两个人负责行政工作,两个人负责人力资源,公司四五百人的规模,此前虽然人手少,但大家都已经适应了多年的工作流程和内容,只是偶尔加加班。

从年初开始,公司业务发生转型,一些老项目和业务相继停掉,新的业务项目和管理模式的引进对人力资源管理各个方面提出了新的要求。两个人资专责明显忙不过来,而且能力也有些跟不上了。这位学员向公司几次提出招聘两名新人的申请,但公司领导都以成本控制为理由否定了,同时又不断地给人资提出各种新的工作要求,涉及多个方面的提升和改变。她很苦恼,也很困惑,利用听课的机会来咨询我,以获取建议。

我试着询问她几个问题:

①公司领导仅仅是因为人工成本的原因不愿给你增加人员吗?

②公司的新业务你是否清楚或者了解?

③新业务需要你的部门提供哪些支持和服务?

④在不增加人员的情况下如何实现这些新要求和职能?

⑤现有员工的能力短板具体有哪些?

⑥他们目前的工作分工和工作方式合理吗?

⑦你们公司的人资业务有没有可能外包? 如果可以,有哪些是可以外包的?

听到我这些问题,她有些愣怔,若有所思地自语:"这些我倒真没有考虑过。""那就先回去了解一下情况,考虑考虑,然后我们再来讨论。"我给她鼓了鼓劲儿,"我相信你会找到思路的。"

半个月后的一天,她专门在院子门口等我下课出来,陪我一路走着出校园,谈话的语气轻松了不少:"老师,我跟业务上做了交流,跟领导谈了两次,领导说暂时不能招人,一方面是因为公司处在转型阶段,成本压力大,招聘上要留出更多份额引进新技术人才,他自己的助理离职后都没有新招。另一方面,领导希望行政人事部能紧跟公司的转型发展也进行变革,原先的职能和工作方式已经不适应未来公司的发展要求,需要重新设计和制订部门的职能和流程,要挖掘现有的人员潜力,他们还年轻……"她停顿了一下继续说,"而且领导还特别提到我自己要先改变思路,跟上公司的发展,这次的变革对所有人都是一次考验,包括他本人,我现在有了很强烈的危机感。""我希望你把这看成是一次机会和挑战,而且我认为你有这个能力,所以这是好事,你觉得呢?"我鼓励她,"能谈谈你的思路和想法吗? 你一定已经考虑过了吧?"她点点头,很有条理地把自我转型和部门调整的想法一一道来,我也逐项给出了肯定和建议,临别时她已经信心十足、欣喜不已,我也为学生的进步和机遇感到高兴。

几个月后,在秋季的沙龙课上,我们再次碰面,她的面貌神采很有些改变,询问近况,她有些兴奋又有些腼腆地告诉我,公司变化很大,已经准备和一家行业领头公司全面合作,她也已经晋升人事行政总监,两个部门经理都是原先的下属提拔起来的,大家干劲十足……

• 让工作促进职业发展

职业规划需要不断地积累和持续发展来实现,任何职业或者事业都是从小到大、从低到高、从简单到复杂的进阶和积累过程,阶梯上的每一块石板都依赖于下方所有的石板,下方的石板又是向上每一块石板不可或缺的支撑,这涉及当下与长远之间的无法割裂的制约关系。职场上我们经常见到一些人的窘境:今天的无可奈何仅仅就是因为曾经的一念之差,不仅是因为当初的选择,更是因为曾经的懈怠。

在机遇面前,选择比努力重要,但在践行的过程中,唯有努力才是唯一的选择。人生和事业不是一场投机游戏(拿自己的人生和事业做投机无疑是最冒险和愚蠢的),职业生涯有限的几次选择和机会不容错过,要能够真正地把握这为数不多的机遇,需要的是基于过往的倾力付出所得来的坚实的积累和沉淀。游戏可以重启,输了重来,但事业和人生是淘汰制,"重启"的代价无比沉重,能够让我们坚持更久的力量和资本,其实都蕴藏在当下。所谓"活在当下",其主旨并不仅仅是"享受在当下,开心每一天"或者是及时行乐的自我麻痹,而是认真地"做好当下,不留遗憾",让今天无愧于过往,无

憾于明天。依照这样的信念去对待每一天的工作,才能成为自己职业发展真正的建设者而非投机者。

　　小瞿并不是人力资源科班出身,从事卖场销售和管理六年后才机缘巧合地开始学习并转行做人力资源管理,好在有多年的市场业务经验,从招聘主管起步还不算吃力,但工作压力并不小。公司人员流动比较大,又处在快速扩张阶段,小瞿每天都忙于信息发布、电话面试预约、面试复试以及办理入职离职手续,工作重复却又充满压力。各部门和公司各级领导似乎对招聘到的新人永远都不会满意,小瞿每周的绝大部分时间都在忙着给各部门配置人员。公司薪酬待遇也并不差,可是每周都有员工在流失,渐渐地,疲于应付的小瞿有些泄气了,感觉自己掉进了无底的漩涡,难以摆脱。上课间隙的交谈中,好几次听他抱怨自己的困境,出于老师的责任感和对学生的关心,我了解了他所面临的具体问题和公司的发展情况,以及领导层、管理层的概况,然后启发他思考几个问题:

　　①员工流失的主要原因找到没有?

　　②目前的招聘渠道、方式和选人标准是否存在问题?

　　③入职培训效果如何?是否需要改进?

　　④各级主管和干部的管理及用人是否存在问题?

　　⑤员工的晋升或者发展通道如何?

　　通过几次的沟通和回去后的调研分析,小瞿的思路逐渐开始转变,他说以前自己身为招聘主管,只考虑自己"分内"的事情,没有关心和思考过本职工作以外的问题,但经过一段时间的了解和调查,发现要解决公司用人的需求问题,必须从全局和系统的角度来认识和研究,并积极采取行动去帮助其他部门和岗位的同事进行多方面的改进和提升。但小瞿的上级本身是业务出身,而且身兼数职,对人力资源管理并不精通。于是我鼓励小瞿主动出击,帮助上级和相关部门改善工作成效,与培训主管合作共同改进入职培训流程和内容,并积极参与培训授课,到各个部门深入了解用人需求和岗位配置,倾听"问题员工"心声,据此向公司和相关负责人提供人员匹配和调整建议,帮助各部门协调人员内部调配和换岗,化解员工以及上下级间存在的矛盾,通过上级领导向公司建议启动针对中基层管理干部的系列管理技能培训,改善用人环境,研究设计各级各类员工的职业发展路径和晋升通道,并借助在这些具体工作中所收集到的信息,运用课程中学到的有关知识,逐步建立和完善公司各专业、各岗位人员的招聘素质模型和标准,提高招聘的针对性和精准度,同时借鉴同行优秀企业的经验,积极在公司开展形式新颖的各类团建文化和员工激励活动,活跃工作气氛,优化工作氛围。

通过小翟和同事的共同努力,几个月后,公司的人力资源状况发生了明显的改善,离职率从33%下降到8%,各部门对新进员工的总体评价由普遍不满转变为基本满意,部门工作效率也有所提升。招聘渠道方面,老员工引荐介绍的比例开始显著增加,招聘成本则明显降低,小翟的工作压力大大减轻,虽然每天还是忙忙碌碌,但是一改之前愁眉不展的状态,变得乐观舒心、自信开朗。半年后,在小翟上级的大力举荐之下,公司领导一致同意任命小翟担任人资经理。

相同的工作,可以有不同的做法,有的人是为收入而做,有的人是为目标和结果而做,也有人是为了长远的职业成长与发展而做。从根本上,是不同的人对于工作有着不同的认识和看法(态度),也就会有不同的动机和追求。将工作视为学习、成长和职业发展的动力和途径,无疑是职业化员工最佳的成长路径。

六 人际关系与人脉维系

人际关系非常重要。在大多数行业和职业，个人在企业及社会环境中的人际关系状况，与他的职业发展和生活状态有着互为因果的紧密联系。不少年轻人往往会忽视这种联系或者缺乏必要的能力去开发和经营自己的人脉，往往在其他所有的努力和机遇"万事俱备"，唯独需要人脉的最有力支持的时候，却不得不面对无奈而冷峻的现实，徒留感叹与懊恼，这种情形在现实中不在少数。

就如同不能片面夸大人脉关系在事业和生活中的影响那样，我们也绝不能贬低它的作用。能力与人脉就如一张纸币的两个面，缺一不可，任何一面的残缺和污损都会影响它的正常支付。因此，职业化的成长不仅包含个人认知、素养、能力以及技能的持续提升，也包含不可忽视的人际关系和对人脉的建设与维护。

人际关系，顾名思义是指人与人之间在相处的过程中，彼此借由思想、感情、行为所联系和表现出来的吸引、排拒、合作、竞争、领导、服从等互动关系，从广义上来看，也包含文化制度模式与社会关系。人际关系主要表现为人们心理距离的远近亲疏、个人对他人的心理倾向及相应的利益行为等。人际关系的核心是人际评价。

人脉即"经由人际关系经营而形成的人际脉络及其关联状况"，经常用于社会活动及商业等领域。其实不论从事什么行业，每个人都需要人脉。人脉的特征是利益关联性，不能产生利益关联的人际关系不能视为人脉。人际关系是人脉的基础，人们在不断的人际交往中逐步建构自己的人脉。

与人的个性有些类似,人际关系尤其是人脉同样是独特的、不可复制的。而且一旦更换环境,比如跳槽、迁居别处、远赴陌生地区,很有可能就要"从零开始"建设人际关系和人脉,这当然无可厚非。重要的是,既然无论身在何处,我们都需要良好的人际关系,而且都是通过一番努力才能获得良好的人脉,那么具备和拥有足够和有效的人脉建构和维系的技能就显得非常重要了。就如一位资深的画家,无论在何时何处,决定其画作水准的,不会是画笔和颜料的差别,而是他的绘画能力。我们也需要这样的"画功",无论何时何地,都能够勾画出相得益彰的人脉"图景"。

● 人际法则与技巧

人际关系的特殊性在于它的状况和水平主要取决于他人的"认同感"而非数据和事实(而它们又恰恰是专业能力的核心),因此需要同时兼顾两种看似有些矛盾的价值评价体系:做事的评价标准与做人的评判标准。比如在几乎所有能打破所谓论资排辈惯例的情形中,我们似乎总是能找到成功人脉的影子:一方面,我们看到了杰出人才的卓越成就和才能所在;另一方面,在各方利益的博弈中,那些关键性的评判力量无疑"最终起到了决定性作用"。在这个过程中,无形的、基于主观认同的人脉关系加大了能力与贡献一侧的砝码,而我们也都认为这种倾向性是积极和正确的,称之为打破常规、大胆革新、不拘一格和锐意进取等。相反地,这种决定性作用也时常充斥于各种任人唯亲、偏袒庇护甚至营私舞弊之中。事实上,人脉本身是中性的,就如任何具备能量和价值的事物一样,都可以被用来行善或者作恶,我们所要做的,不是消极地空作慨叹和争辩,而是要积极地让自己拥有那些能量和价值,并更好地发挥它的正面作用。

人脉始于"认同",而获得认同不是被动等待和接受他人评判结果的形成,而是要主动营造和建设他人对自己的认同感。每个人时刻都在"感受和判断"周围的一切,特别是对一个人的认识和评判,一方面是基于我们自我的观念和标准,另一方面受到对方及周围其他人的行为和作为的引导和影响,因而人脉是可以经营的,甚至在很大程度上只取决于我们如何去营造它。基于认同而后接受，进而帮助和支持，这是人脉搭建的基本模式和过程。

决定他人对我们的"认同程度"的是三个关键的要素：利益、边界和反馈。

首先，我们的所作所为对他人的利益是否是无害的，进而在对方看来是否或许将是有益的？现实生活中，人们是如此在意自己的利益，他们会以激烈的方式，甚至会采取代价远超出某项利益本身价值的举动来捍卫它们，而对于他人的利益所在却又如此容易轻视和忽略，哪怕并非在维护自己利益的时候，他们的许多行为方式也往往会罔顾他人的损失。小到自己迟到耽误别人的重要行程，随意停车挡住行人道路，大到准备资料草率导致谈判失利，工作马虎造成其他部门的工作返工，人与人关系的恶化往往都源自利益。能充分认识到个人（他人）利益的根本性和脆弱性，是处理人际关系重要的起点和前提（不要妄图去否认这一点，当然也没有必要大惊小怪或者悲观失望。社会的本质首先就是一个利益共同体，然后才匹配以文化、道德、法律……）。因此，在与周围各类型、各层级人的相处过程中，我们要遵循的两个重要原则就是"无害"和"有利"，无害是前提和基础，有利则是期许和增益。要尽可能让自己的言行举止和行为方式对他人来说是"无害"的，尤其是那些拥有一些舆论资格和评判资历的人，当然对那些看起来似乎对我们"无关紧要"的人则更要谨慎一些——他们的利益大多脆弱且最容易被忽视和伤及——他们其实更加敏感，而受伤后可能采取的反击也往往最难以预料，现实中门人捎水、祸及夷射的事情绝非个例。凡事总有多种选择和方式去对待和处置，就结果而言，它们经常是等价的，我们需要选择与人无害（至少危害最小）的方式，即所谓"何不与人为善"的处世原则。更积极的方式是共赢，如果我们有条件和机会找到能够"双赢"的方式方法来解决问题，那无疑是首选，其对人脉的帮助也将是直接和倍增的。

双赢，也被说成共赢，是指在我们处理人际关系以及合作过程中，双方的利益和诉求都能得到相应的照顾和满足的状态以及相对平衡的结果。其出发点是合作，其过程讲求兼顾，其结果追求平衡。

人际关系中的合作意向和态度无疑是受欢迎的,合作意味着潜在的认同和帮助,而每个人都渴望得到他人的肯定和可能的支持以及协助。从最基本的沟通来说,我提倡工作中使用合作式的语言模式,例如工作交流中尽量不用"你们"而改用"我们""咱们",不要说"你给我取一张表格",而要说"麻烦您帮我取一张表格,谢谢"。找合作部门主管协调工作,我会先说:"陈经理,我们又有机会一起合作啦!"不是让对方给自己办事,而是共同合作。给别人帮了忙或者解决了问题,对方表示感谢,仅仅说"不客气""没关系"是不够的,我会说"跟您合作我很开心""为您办事我也有收获""跟您学到很多"。想要获得好的人脉关系,合作的态度和姿态是基础。

在合作以及行为处事的过程中,在工作的方式、方法以及措施手段的选择和实施上,要经常考虑和兼顾对方及他人的感受与得失,在达成自己的核心诉求和目标的同时,也尽可能地照顾到对方的利益,必要时,从长远和更宽广的范围考虑,也可以选择一些让步和让利,当然同时要让对方意识到我们的这些选择是为他们而做。在一些合作项目中,我会主动承担一部分其他部门的具体工作,特别是在他们透露人手紧张、资源有限或者存在困难的时候,我会主动提出我愿意承担哪些具体工作(而不是被动接受对方的"分派",这一点很重要),并表示这样做也是我的责任,以强调合作关系的重要性。

至于结果上的"平衡",不仅仅是数字意义上的均等或者均分,在现实中那也很难做到,这种平衡更多是对结果的认识和评价方面的,进而也就是在心理感受层面力求让彼此都得到平衡感和满意感。对方帮助我达成了目标,我就需要强调对方出色的专业水平、支持力度及其重要性;别人付出努力替我解决问题或者完成了复杂的测试工作,我就要在不同场合多次公开感谢对方的付出,并及时兑现应有的回馈,比如肯定和彰显对方的专业度及敬业精神。让合作方经常获得这种平衡感至关重要,它是建立良好人脉的基础和驱动力,有助于营造更好的人际关系,积累更丰富的人脉资源。

其次,我们的所作所为是否在他人许可的边界以内?某个试图打破某种边界的行为是否得到允许或者能否给予相应的"补偿"?人与人之间充满

了"边界"，人们因为习惯不同、观念各异、位置差别以及个性因素，会对周围发生的一切事情本能地设定评判的界限：怎样是合适的，什么是不合适的，哪些是不可接受的……触及不同的界限，他们会有不同的评判和反应，这些评判和反应叠加积累相互消长，最终会影响他们的人际行为取向——认同还是不认同，接受还是排斥？而且这种取向短期内一旦形成，将很难在哪怕是数倍的时间周期内完全扭转。如所谓的第一印象，就是别人"贸然"闯入我们的"边界"时所留下的痕迹，所以好的或者坏的第一印象大多都不是"偶然"产生的。因此，当我们进入一个新的环境或是群体的时候，绝不可"贸然行事"。提前或在短暂的"静观期"迅速了解和知晓那些显而易见的"共性的边界"，是除目标与责任之外的一项尤为重要的功课。当我们具体接触到每一个独特的个人的时候，在取得最初的共性认同的基础上，也有必要借宝贵的"窗口期"去了解他们的"个性边界"。

静观期，是群体或组织对新加入者的一个较为宽松的观察和考察阶段，大多数成员会表现得较为克制和谨慎，同时通过大量的微小接触和观察来考察新人的水平与能力。当各种信息积累到一定程度时，就会达成初始评判，新人在组织中的定位及角色得以初步明确和稳定。

窗口期，是群体成员对新加入成员逐渐形成初步的较完整印象的过渡阶段。在这个阶段内，人们对新成员处于较为盲目和不确定的认识状态，其对新成员的看法和评价会有较大的波动和主观性，并且易受他人的影响和制约，一旦完成对新成员的印象勾画，窗口关闭，对新成员的评定便会明确并且固化下来。

"共性的边界"大多是组织中已经形成并且长期保持下来的一系列行为规范和方式方法，包括言语、称呼、习惯和惯例。作为组织的新成员，有必要通过积极的沟通和细心的观察来了解、发现和总结这些边界，并主动接受和融入，从而加快自己被组织接纳的过程。

"个性边界"则是差异化的个体特征，是组织中每个具体角色和成员所具有的特殊要求和标准，在较为长期和深入的交往和了解过程中，只要稍加留心和观察也都不难发现。对这些特征的掌握将有助于更为精准的人际交往和合作。

　　最后,我们如何给予他人恰当的反馈,以便对方经常能从我们身上获得相应的"认同与肯定"? 在观察和了解新人的过程中,群体和组织的老成员也会不断接收到各种来自新成员的反应和反馈,这对于双方都非常重要,因为这其中包含着更为真实的信息和判断,其中最为重要的信息就是新人对老成员的认同度和看法,它会引发积极或消极倾向的连续反应,极大地影响(干扰)老成员对新人的评价。这不仅仅是常规说法上的尊重老员工、虚心请教学习、积极配合以及主动热心等行为方式,还是作为新人基于自己的审慎判断和利益边界的考量,向老员工有意识地传递的认可与肯定反馈。如果反馈得恰当而且适度,就能在达成必要的肯定性结果的同时,又不至于超越对方的心理边界而引发不必要的猜测。这对新人而言的确是非常有难度的考验,但是又至关重要。具体到工作与交往的言行举止中,例如受到表扬时该如何回应? 被批评时该如何反应? 在工作讨论中作何表现? 当有人对组织及其他成员有所非议时该如何应对? 对于缺乏经验的新人而言,把握和运用好应对各种场景下的反馈原则与方法就显得尤为重要。

　　◈面对肯定与表扬

　　——感谢＋对方的称呼＋对方行为＋自主行为

　　例如:感谢主任的鼓励,我会努力的/继续学习的。

　　◈面对批评与错误

　　——认同＋自己行为与责任＋行动承诺

　　例如:是的,我没有查看水位,责任在我,我以后一定注意。

　　◈面对误解与委屈

　　——接纳＋歉意＋自主/积极行动＋征询意向

　　例如:我理解您的意思,让您这么费心我很抱歉,如果需要我会写一份说明(报告)给您,希望能帮您了解更多的情况,您看可以吗?

❈ **面对不懂的问题**

——肯定价值＋积极行动意向＋探寻途径

例如：这确实很重要，我想尽快学习和掌握它，希望您能帮助我。／我怎样才能学会呢？

❈ **面对搬弄是非者**

——认可信任＋不置可否＋客观评述＋反问质疑

例如：感谢你的信任，这件事我第一次听说，我会注意的，凡事都有来龙去脉，最终肯定会水落石出的，你说是吧？

❈ **面对不公的对待**

——理解＋主张立场＋期望和诉求＋理由／动机

例如：我能理解他们为什么这样对待我，但这确实不公正，我应该有机会参加，期望领导设法帮助我，因为我很想去学习。

兼顾以上三个方面的人际关系原则，能够为我们持续维系良好的人际关系和人脉水平，也让我们的个人努力和各种能力特长获得强有力的环境支持，获取更多自我展现和被认可的机会。

• 处理好三种关系

职场人际关系本质上是一个复杂的沟通系统，根据不同的组织关系体现为不同的关系维度。对于职场新人而言，最重要的是其中的三种关系，即对上、对内和对外。"对上"是与自己的直接上级及隔级上司的关系；"对内"是与本部门其他同事的关系；"对外"是与跨部门各级同事之间的关系。

首先，对上关系中的直接上级是最关键的角色，与他（她）的关系处理水平不仅决定着你自己的工作安排、绩效评价和成长发展，也会极大影响到你与其他人的关系。当然下属与上级的关系形态也不是单向的，是跟上级的性格、能力和资历有着密切关系的，也特别受到上级的管理风格的影响。一般来看，作为部门管理者，其风格类型有四种（见表6），与之相应地，在交往上也有不同的关系匹配原则。

表 6　部门管理者的风格类型分析

管理风格	行为特征	关系匹配原则
事务型	务实、重结果,责任心重,事必躬亲,效率偏低	保持耐心、责任心,充分请示汇报,主动分担责任;追求高效,但谨慎创新
教练型	具有前瞻性、系统性,创新、目标意识强、重视细节,偏激进	追求同步,树立提升目标,完善细节,请示多于汇报;积极主动思考,持续改进工作方法
支持型	重标准、规范,重过程,计划性强,讲原则,偏保守	标准明确,计划周密,执行力强,适度地请示汇报;提升独立工作能力,主动承担任务
官僚型	重流程、形式及关系维护,忽视细节及过程,不愿承担责任	充分尊重与认可,主动担当,汇报多于请示;工作严谨到位,避免疏漏,提升自主能力

　　除了根据上级的管理风格相应地采取适当的关系匹配原则以外,还要把握好自己与上司关系的层次,也就是彼此的角色关系。从管理者角度看,上级对下级的角色并不是单一的,也不是一成不变的。一般地,从层次上讲,由低到高依次是主管、上司、教练、领导和导师。作为一名下属,能够与上级的关系发展到哪个层次,既有客观条件的限制,更有主观诸多因素的影响,或者说是有所谓缘分在其中的,不能勉强。但从人际关系建设和发展的角度来说,如果能充分重视和努力争取,并采取积极主动的态度和方式方法,我们是能够取得与上级更好的合作关系的,因为这符合上下级的共同愿望和利益。从比较优势原则考虑,在一个部门和组织中,能与上级保持一种较高于其他成员的关系层次,无疑是有益的——无论对个人还是整体。因此,在条件和个性等因素允许的情况下,我们应当积极寻求这种关系上的"升级"(见图 14)。

导师	·规划、启示、感召力
领导	·信赖、威信、影响力
教练	·目标、训练、学习力
上司	·尊重、服从、执行力
主管	·听从、配合、行动力

图 14　管理关系的升级

随着这种关系的逐步升级,下属在知识、态度和技能方面会得到更大的提升,而上级的角色也随之发生改变。这种改变对于上级管理者同样意义重大,它标志着管理者管理方式的提升和能力的提高,从而达成一种双赢的局面。

其次,良好的对内关系是维持自己友好宽松的工作环境所必需的基础条件。本部门同事是在日常工作中交流和沟通频率最高的群体,也是对人际关系影响最大的非权力群体。既然是部门同事,就会存在因为分工与协作所带来的矛盾冲突和共同利益间微妙的平衡问题,矛盾冲突随时都会产生,而共同利益也如影随形,因此"敏锐"是不可或缺的习惯性能力,需要刻意地培养,任何的迟钝与盲目都会立刻带来不必要的矛盾。另外,要善于取舍与平衡利益分歧,一味地退让和容忍跟固执地争名夺利同样不可取,有原则(目标)地有取有舍才是应对之道。舍什么、取什么、舍多少、取多少都要有所考量,即便是双赢也不一定是二一添作五式的简单平衡,先舍后得、小舍大得的情形也未尝不可,总之每一次的决定都要三思而后行,认真权衡后决定。

部门内部同事间相处的原则技巧:

1. 平时多做具体工作上的沟通交流。
2. 主动帮助同事,并且不求立即回报。
3. 培养工作上的合作与默契。

4.尊重对方的尊严和情面。

5.多以倾听的方式相互交流。

6.诚恳谦虚,避免揽功推过。

7.团结和谐,相互信任,彼此关爱。

8.竞合多于竞争,在目标上追求一致。

再次,对外关系影响着不可或缺的人脉大环境的营造。跨部门相近各层级岗位同事与本部门同事似乎有很大的区别,一方面沟通和交流的频率较低,另一方面也较少会有矛盾分歧的发生,似乎不必过多关注。但事实上,近距离的接触少并不意味着人际影响力的微弱,从企业(组织)整体范围来考察一个人的处境,就会注意到部门外部的口碑和舆论往往更加值得关注,虽然这些评价和言论并不是很直接和具有针对性,但它们能够形成强大的舆论背景和人际氛围,在正反两个方向上都会产生巨大的推动力,所谓"墙倒众人推"就是典型的例子。因此,在外部交往中注意树立和营造口碑与舆论导向也是不可忽视的,把握好外部人际交往的原则和要领是关键所在。部门外部的人大多数时候虽然不是利益攸关者,但都是利益观望者,这些旁观者的看法和言论会形成舆论和气氛,从而产生无形的影响力,并且会传递到部门内部以及上级决策层,因此,营造和引导这种影响力是在保持部门内部良好人际关系的同时必须慎重对待的问题。与部门外部人群相处,可以参考这样一些基本原则。

1.关注并多肯定(赞赏)他人的优点、成就和资历。

2.不主动对外透露部门内部的重要信息。

3.不参与任何未经公司定调的评判话题。

4.避免任何超出自身角色与资格的言行。

5."对外"工作更要积极、热情、周到。

6.虚心向周边前辈请教,尊德高望重者为师。

• 找到职场导师

对于年轻人的职业成长帮助最大的莫过于那些有影响力的前辈,企业

中也存在着一种无形的人才创造力——传承。当然这种影响和传承总是双向的，有正面的，也会有反面的，并且经常很难分辨它们。但明确的职业发展目标能够帮助我们做出选择：找到那些有助于目标实现的人和事，并从中吸取有益的经验和方法。在这一过程中，职业（事业）导师发挥着难以替代的重要作用，对于职场新人来说，能够找到这样的指引者无疑是无比幸运的。事实上，在绝大多数企业中，都会有不在少数的导师可供选择——关键问题往往并不在于苦无"良师"，而是缺乏"贤徒"，现实问题大多出在求师者的心态而非为师者的能力与水平上。

我一直都感念我的入门师傅——任老师，他是我进入学校工作后第一个"批评"我的人，他同时也是我的学术领导——教研室主任、高级教师。回想起当初，那是在我入职第二天的中午，我们在他办公室相识。8月底的天气还挺热，任老师衬衣外面还挎着一件军绿色马甲，一头灰发，带着一副厚厚的黑框眼镜，正准备拆解冬天取暖用的炉子，"从春天都放到快秋天了，这炉子不拆开清理封好，烟囱到冬天就锈完了"。我走到他办公室的门口，看见任老师正一边嘴里念叨着，一边手里忙着，我赶紧过去搭把手一起收拾。"来了就好！"任老师一边用毛巾擦着手，一边对我说："你那天试讲我也听了，所以我认识你，你不知道我，呵呵呵。"转身递了杯水给我，示意我拉把椅子坐下，跟我谈起了学校状况、生源、升学率、师资和教学情况，说他很看好我，那天听了我的试讲后当场跟领导表明了想留下我，我表示了感激。但话锋一转，任老师面色稍显凝重："从学生到老师，这个角色转变并不容易，尤其是我们思政课，是副课，从学生、老师到家长都不够重视，跟对待语数外和理化不一样，可是我们自己不能这么看，能不能做好一个老师，跟教什么课并没有太大关系，我其实以前是教数学和语文的，关键是你怎么看待这份工作，怎么对待学生，怎么认识自己的职业……"第一次的促膝长谈给我留下了深刻的记忆，我感激任老师的提点，在我刚刚踏入社会，步入工作岗位的时候，就能得到如此恳切真诚的指导和支持，是一件非常幸运的事情。任老师学识渊博、学术精湛，却又平易近人、亲切如故，为人豁达开朗，谈话风趣温和，做人做事都是我最值得学习和借鉴的榜样。

　　任老师第一次批评我是因为一个字,确切说是一个音同字不同的外国学者的名字。我上课时引用了几句名人名言增强内容的说服力,但板书时写错了人名里一个汉字,那堂课效果很好,许多学生在作业里都提到了那位学者的名字,写出了自己的感想和体会,但都跟我一样写错了那个字。任老师在无意中翻看我桌上学生的作业本时注意到了,还找了学生确认,发现原来我是"始作俑者",于是在教研活动时点名批评:"知之为知之,不知为不知,我们身为老师,不清楚可以不讲,但要讲就必须讲对,一个字事小,可是一批学生都跟着错,这种随意的态度是会误人子弟的!"我当时脸上很挂不住,有人为我打圆场,结果也被任老师怼得不敢吭声了。这件事至今我想起来还能感觉到脸颊上那种微微的刺痒。但我内心是感激任老师的,他对我寄予厚望,我也知道他在学校方方面面为我做了许多的铺垫和支持,是希望我能做得更好,生怕我走弯路或者有闪失,我领会到师傅的良苦用心,所以唯有全力以赴,力争上游,做到最好。

　　从我入职第二年开始带毕业班以后,任老师自己就不再带中考和高考班了,虽然他离退休还有七八年,我很清楚这是在给我创造机会。因为主带中考和高考班的需要,任老师开始指导我出题和编写试卷,推荐我参加区、市级教研活动,介绍我结识特级教师和出题专家,支持我到周边名校做教学和中高考经验交流……没有任老师的言传身教,倾力推助,我或许还要在很多方面盲目摸索很久,绕许多的弯路,师承之恩,终生难忘。

　　首先,要有求师之心,也就是充分意识到向前辈和他人学习的重要性,主动寻找和接近那些可以请教的人。这不仅仅是初入职场者学习经验方法的捷径,更是融入企业和社会最有效的途径。企业和社会都是在传承中逐步发展和变革的,承接和创新并不矛盾,事实上,创新的基础恰恰是继承。每一个成熟的企业或组织中,总是存在着这样一些人,他们是整个企业赖以正常运作的核心力量,或者是某些业务和技能方面的专家,从他们那里可以直接或间接地获得最关键的支持和指导,并在一定程度上迅速融入这种核心力量当中——这种融入无疑将关乎新人在企业中的角色定位和资源背景,从而深刻影响到未来的发展格局。结识并得到这些导师的认同和指导,

是企业新人至关重要的一项"功课"。

其次，就是如何求师的问题。所谓职场导师更多地是来自求学者（徒弟）主观上的"认同与接受"，而非组织意义上的职责任命。因此，基于认同和赏识的人脉黏性远胜于在职责层面的师徒关系，对于新人而言，获得导师的认同与接受，是需要付出诸多努力的，必须争取并用心经营以获得这种师承关系。需要强调的是，企业中这种师承关系的主导方往往并不是导师，而是求学者，这很类似于"修行在个人"的状况，而师傅也未必会负责"领进门"的责任，更多的是新人以前辈和成功者为榜样和标杆的主动模仿和请教，而"导师"则基于认同感和新人良好的人脉关系，以身教甚于言教的方式成为新人学习和成长的"助推者"。

再者，秉承人皆吾师的求学态度。导师并不唯一，凡有可学习传承者皆为老师。有所谓一字之师，也就有一事之师。玉无完璧，人无完人，尺有所短，寸有所长，在业务、专业、人际、处世、学识、认知等不同方面可以向不同的人学习和请教，重要的是见贤思齐的心态与持续完善的行动。要主动、广泛地吸收周围人身上优秀的品质和成功的经验，善于随时发现他人的优点与长处，并有效内化为自己的认知和能力，而不仅限于简单的模仿和复制，才能获得更快速的成长。

在公司入职培训的两个多月里，除了每天上午在公司总部听课、讨论、开会等常规安排，我下午都是跟随一名在职区域经理做市场实习。两个多月，我跟了好几位经理，他们各有风格，也各有特长，从他们身上可以学习和借鉴的经验和方法各不相同，但他们也不总是"一视同仁"，因为他们本身工作就很繁忙，业绩压力和琐碎的业务工作缠身，很难有精力和时间来"照顾"我们这些"徒弟"——说不定未来还是竞争对手，所以要想从"师傅们"身上学到真本事，当徒弟的也要"各显其能"才行。

首先，需要对"师傅"做较为全面的了解，这主要是通过与公司相关人员交流和与"师傅"的下属们多做交流来达成。顺利的时候，一两个知根知底的员工或者是主管就会如数家珍一般把某位"师傅"全面地介绍一遍，信息会有所偏差，但对于我们这些"徒弟"来说已经足够了。我关注更多的不是师傅的缺点和问题,而是其优点和擅长之处,当然也需要了解其性格和脾气,以便"择其善者而从之",向师傅学习请教他所擅长的方方面面,师傅当然很以为然,传授起来也很是用心。

其次,要尊重师傅。我自己的身份是见习经理,在师傅的市场里和下属面前不能反客为主,凡事有所行动必须征得师傅的同意和授权,更不能在其下属面前充当决策者和指挥者,而要当好服务者和伙伴;既不能无所事事,走马观花混时间,也不能自作主张,直接干预业务,而是要经常地转换各种不同角色,在帮助业务人员完成一些基础工作的同时,熟悉和了解业务流程和市场管理内容。在取得区域经理和市场销售的信任和认可的基础上,要虚心请教,多学多问,善于总结,提高自己。

实习期间,我从不同的区域经理身上获得了宝贵的经验,也建立了良好的人脉。在我后来的工作和个人发展过程中,他们继续发挥了不容忽视的支持作用,我也一直对他们曾经的引导和帮助铭记在心。

• 成为价值伙伴

无论在社会生活中,还是在行业企业里,人脉关系都十分重要。绝大多数有意义的活动和业务都需要通过与他人合作实现。尤其在工作中,当一项任务需要多个人共同完成的时候,为了共同的目标和追求,我们在个人做出努力和贡献的同时,也有赖于其他人能够有着相应的出色表现,期望他们成为"价值伙伴"。

价值伙伴是职场中超越一般意义上的同事、成员、同伴关系的最佳合作关系。这种关系的价值,首先在于其"符合期望",也就是能够顺应合作人的需求和期待,做出适宜的行动和表现;其次在于其"价值贡献",也就是有能力和信念,能够承担责任、解决问题、达成结果。在企业中充斥着形形色色的人,从中寻找并识别真正的价值伙伴,是职场成功的另一个有利条件。

成为价值伙伴的核心在于凸显和发挥出自己独有的价值,并且富于合作精神。要能在必要时刻发挥出自己的独特价值,首先要具备较高的能力和专业水平,技能的积累和磨炼是成为价值伙伴最基本的要求,就如一名运

动选手长年累月的体能技能训练是每天都要达成的基本目标。职场的竞争恰如赛场的竞技,对工作技能的倦怠就如运动员对训练的松懈一样,后果可想而知。而且这种持续的训练虽然有教练的督导,但根本上应当是基于运动员的本分与自动自发,企业的普遍困局就在于经常要面对犹如赛场一般的市场竞争,而能够倾其所有选派上场的却总是缺乏训练的懒散队伍。我们的企业对职业化员工的渴望也正如球队对职业化球员的期待,因此企业中的价值伙伴其实就是优秀的职业化员工。

合作精神是价值伙伴另一项更为重要的素质,其重要性甚至在有些时候更胜于技术和能力水平。合作精神中最难得的素养在于"奉献"和"妥协",任何程度的合作关系中都必然包含着至少一方所做出的某种牺牲和让步,而能够有原则地做出牺牲和让步,对于任何人来说都不是一件轻松和容易的事情。在这一点上也凸显了价值伙伴的可贵之处,他们会为了共同目标而自觉地做出部分的自我牺牲,也会为了工作的成功采取必要的让步和妥协,这对于被合作者来说意味着极大的支持与信任,也是最值得珍惜的伙伴关系。

足球之所以被称为世界第一运动,不仅因为其瞬息万变的魅力和精彩纷呈的球技与战术,还因为它将个体与整体,以及个体间的协作和配合完美地结合到了一起。没有一支球队能够只靠单个人的能力取得优异的成绩,许多精彩进球往往都是完美配合的杰作,同时涌现出众多赛场上的"最佳组合""黄金搭档",如巴西的罗纳尔多和罗马里奥、曼联的费迪南德和维迪奇、巴塞罗那的哈维和伊涅斯塔、AC米兰堪称世界足坛教科书式组合的皮尔洛和加图索……他们都是绿茵场上彼此最佳的价值伙伴。球场上如此,职场上又何尝不需要类似的"最佳组合"?

当然,价值伙伴是相互的,在寻求好"队友"的同时,我们自己首先要成为所要寻找的那种人,也就是能够成为他人的价值伙伴,从这个意义上讲,人以群分是带有必然性的。

良好的人脉关系、有所传承的职场导师,以及相互支持的价值伙伴是职场新人得以持续成长发展并取得成绩所必不可少的重要条件。

七 建构自己的素质、能力、认知模型

关于这个话题，或许很多人认为应该更早一些提出来讨论，比如在年轻人刚刚进入企业的时候，甚至是再早一些，最好在考虑找工作和求职以前就开始着手。当然，对于每一个心怀志向的年轻人来说，从进入青年时期开始就已经在持续地了解自己、认识自己，并且通过各种方式和途径不断地丰富和提高自己，但这个时期的自我提升与成长并不具有明确的职业化导向性，更多的是作为个人综合素质的基础性建设和准备过程。就角色与身份的转变带来的根本性改变而言，明确的自我定位和职业化塑造只有在进入具体的行业领域和企业环境后才正式启动，也才更具目标性和现实性。而这一切都从认识自己开始——我是谁？我是什么样的一个人？

• 认识自己

人生最重要也是最困难的一件事就是真正地认识自己，也就是找到对自己最恰当的看法和评价标准。

说它重要，是因为认识自己是一个人能够真正主宰自己的前提。很多人甚至终其一生都没有能够认识真实的自己，也就意味着他们一辈子都浑浑噩噩，被他人左右，几乎所有的经历和选择都是别人设定下的安排，他们也就无从拥有独立人格。

　　说它困难，一方面是因为真正能够"自知"的人历来为数不多，另一方面，认识自我需要付出行动并且采用有效的方式方法，不仅要持续地学习，掌握丰富的知识，而且还要不断提升自己的认知维度，坚持不懈地探索与挑战自我，从而在更深层面上了解本真的自己和不同维度的自我。认识自我，本质上更像是一项终其一生的学术研究过程，其难度不言而喻。但对主宰自己人生的渴望、对人生意义与价值的追求，又吸引着我们知难而进，孜孜以求。

　　首先，当我们逐渐走向成熟的时候，除了要关注生理和医学意义上的健康状况，更多地是需要从社会行为学和心理学角度了解和认识自己的性格，也就是要具备一个健康的心理人格。现代心理学、组织行为学等学科发展已取得的成就，为我们提供了多样的方法和工具去分析了解我们的性格类型、心理结构、行为模式和社会化程度，从而帮助我们更科学地看待和评判我们自己。

　　这些理论和工具包括但不限于人们已经比较熟知的如卡特尔16PF、霍兰德职业兴趣理论、MBTI、DISC、PDP、九型人格以及大五人格等，每种测试都有其优势与特点，也适宜不同的人群需求，但基本上都是按照一定的测评要素和底层量表的对应关系将人们的性格区分为若干类型，每个类型都有着相对独特的心理及行为活动规律和特征，并通过问卷（答题）的方式对个体进行测试，从而将被测试者归入最接近的类型，以帮助人们更好地了解和认知自己以及区别于他人的人格特征，特别是作为社会化个体与职业发展相关的那些重要的内在因素的水平状况。

　　以MBTI测试为例，它是美国作家伊莎贝尔·布里格斯·迈尔斯和她的母亲凯瑟琳·库克·布里格斯制定的。

　　该体系以瑞士心理学家荣格划分的8种类型为基础，经过二十多年的研究后编制成"迈尔斯·布里格斯类型指标"，从而把荣格的类型理论付诸实践。迈尔斯在荣格的优势功能和劣势功能、主导功能和从属功能等概念的基础上，进一步提出功能等级等概念，并为每一种类型确定了其功能等级的次序，还提出了类型的终生发展理论，形成四个维度（见表7）。

表7 终生发展理论的维度和类型指标

维度	类型1	相对应类型英文及缩写1	类型2	相对应类型英文及缩写2
注意力方向（精力来源）	外倾（外向）	E(extrovert)	内倾（内向）	I(introvert)
认知方式（如何搜集信息）	实感（感觉）	S(sensing)	直觉（直觉）	N(intuition)
判断方式（如何做决定）	思维（理性）	T(thinking)	情感（感性）	F(feeling)
生活方式（如何应对外部世界）	判断（主观）	J(judgment)	知觉（客观）	P(perceiving)

这四个维度就是四把标尺，每个人的性格都会落在标尺的某个点上，这个点靠近哪个端点，就意味着这个人有哪方面的偏好。

例如：外倾—内倾。它是区分个体的最基本的维度。以自身为界，世界可以分为自身以外的世界和自我的世界两个部分，也可称为外部世界和内部世界。外倾的人倾向于将注意力和精力投注在外部世界——外在的人、外在的物、外在的环境等，而内倾的人则相反，较为关注自我的内部状况——内心情感、思想等。两种类型的个体在自己偏好的世界里会感觉自在、充满活力，而到相反的世界里则会不安、疲惫。因此，外倾与内倾的个体之间的区分是广泛而明显的（见表8），并不像我们平时讲的"外倾者健谈、内倾者害羞"那么简单。

表8 内倾型与外倾型的特征比较

外倾型（E）	内倾型（I）
与他人相处时精力充沛	独处时精力充沛
行动先于思考	思考先于行动

续表

外倾型（E）	内倾型（I）
喜欢边想边说出声	在心中思考问题
随意地分享个人情况	更封闭，更愿意在经挑选的小群体中分享个人的情况
说的多于听的	听的比说的多
高度热情地社交	不把兴奋说出来
反应快，喜欢快节奏	仔细考虑后才有所反应
重视广度而不是深度（心理能量的获得途径和与外界相互作用的程度）	重视深度而不是广度（心理能量的获得途径和与外界相互作用的程度）

其他的实感型与直觉型、思维型与情感型、判断型与知觉型特征比较原理与此一致。

通过对照四个维度的描述，就可以识别出自己在每个维度上的偏好，取四个维度上偏好类型的四个代表字母，即可以构成你的性格类型，如 ISFJ 是内倾感觉情感判断型，ENFP 是外倾直觉情感知觉型。四个维度、八个端点可组合成表 9 中的 16 种性格类型，你必然属于其中的一种。

表 9   16 种性格类型

类型名称	相对应英文字母简称	类型名称	相对应英文字母简称
内倾实感思维判断	ISTJ	内倾实感情感判断	ISFJ
内倾直觉情感判断	INFJ	内倾直觉思维判断	INTJ
内倾实感思维知觉	ISTP	内倾实感情感知觉	ISFP
内倾直觉情感知觉	INFP	内倾直觉思维知觉	INTP
外倾实感思维判断	ESTJ	外倾实感情感判断	ESFJ
外倾直觉情感判断	ENFJ	外倾直觉思维判断	ENTJ
外倾实感思维知觉	ESTP	外倾实感情感知觉	ESFP
外倾直觉情感知觉	ENFP	外倾直觉思维知觉	ENTP

MBTI 各种性格类型的主要特征

内倾型(I)

ISTJ

安静、严肃;通过全面性和可靠性获得成功;实际,有责任感;做决定时讲究逻辑性,并一步步地朝着目标前进,不易分心;喜欢将工作、家庭和生活都安排得井井有条;重视传统和忠诚。

ISFJ

安静、友好,有责任感和良知;坚定地履行他们的义务;全面、勤勉、精确、忠诚、体贴,记得他们重视的人的小细节,在乎他人的感受;努力把工作和家庭环境营造得有序而温馨。

INFJ

寻求思想、关系、物质等之间的意义和联系;希望了解什么能够激励人,对人有很强的洞察力;有责任心,坚持自己的价值观;对于怎样更好地服务大众有清晰的远景;对于目标的实现过程有计划而且果断坚定。

INTJ

在实现自己的想法和达成自己的目标时有创新的想法和非凡的动力;能很快洞察到外界事物间的规律并形成长期的远景计划;一旦决定做一件事就会开始规划并直到完成为止;多疑、独立,对于自己和他人能力和表现的要求都非常高。

ISTP

灵活、忍耐力强,是个安静的观察者;有问题发生时会马上行动,找到实用的解决方法;分析事物运作的原理,能从大量的信息中很快地找到关键的症结所在;对于原因和结果感兴趣,处理问题的方式讲究逻辑性,重视效率。

ISFP

安静、友好、敏感、和善;享受当前;喜欢有自己的空间,喜欢能按照自己的时间表工作;对于自己的价值观和自己觉得重要的人非常忠诚,有责任心;不喜欢争论和冲突;不会将自己的观念和价值观强加到别人身上。

INFP

理想主义,对于自己的价值观和自己觉得重要的人非常忠诚;希望外部的生活和自己内心的价值观是统一的;好奇心重,能很快看到事情的可能性,能成为实现想法的催化剂;寻求理解别人和帮助他们实现潜能的方法;适应力强,灵活,善于接受,除非是有悖于自己的价值观。

INTP

对于自己感兴趣的任何事物都寻求合理的解释;喜欢理论性的和抽象的事物,热衷于思考而非社交活动;安静、内向、灵活、适应力强;对于自己感兴趣的领域有超凡的集中精力深度解决问题的能力;多疑,有时会有点挑剔,喜欢分析。

外倾型(E)

ESTP

灵活、忍耐力强,实际,注重结果;觉得理论和抽象的解释非常无趣;喜欢积极地采取行动解决问题;注重当前,自然不做作,享受和他人在一起的时刻;喜欢物质享受和时尚;学习新事物最有效的方式是亲身感受和练习。

ESFP

外向、友好、接受力强;热爱生活,追求物质上的享受;喜欢和别人一起将事情做成功;在工作中讲究常识和实用性,并使工作显得有趣;灵活、自然、不做作,对于任何新的事物都能很快适应;学习新事物最有效的方式是和他人一起尝试。

ENFP

热情洋溢,富有想象力;认为人生有很多的可能性;能很快地将事情和信息联系起来,然后很自信地根据自己的判断解决问题;总是需要得到别人的认可,也总是准备着给予他人赏识和帮助;灵活、自然、不做作,有很强的即兴发挥能力。

ENTP

反应快、睿智,有激励别人的能力,警觉性强,直言不讳;在解决新的、具有挑战性的问题时机智而有策略;善于找出理论上的可能性,然后再用战略的眼光分析;善于理解别人;不喜欢例行公事,很少会用相同的方法做相同的事情,倾向于一个接一个地发展新的爱好。

ESTJ

实际,现实主义;果断,一旦下决心就会马上行动;善于将项目和人组织起来将事情完成,并尽可能用最有效率的方法得到结果;注重日常的细节;有一套非常清晰的逻辑标准,系统性地遵循,并希望他人也同样遵循;在实施计划时强而有力。

ESFJ

热心肠、有责任心,注重合作;希望周边的环境温馨而和谐,并为此果断地执行;喜欢和他人一起精确并及时地完成任务;事无巨细,保持忠诚;能体察到他人在日常生活中的所需并竭尽全力帮助;希望自己和自己的所为能受到他人的认可和赏识。

ENFJ

热情、为他人着想、易感应、有责任心;非常注重他人的感情、需求和动机;善于发现他人的潜能,并希望能帮助他们实现;能成为个人或群体成长和进步的催化剂;忠诚,对于赞扬和批评都会积极地回应;友善、好社交;在团体中能很好地帮助他人,并有鼓舞他人的领导能力。

ENTJ

坦诚、果断,有天生的领导能力;能很快看到公司/组织程序和政策中的不合理性和低效能性,发展并实施有效、全面的系统来解决问题;善于做长期的计划和目标的设定;通常见多识广,博览群书,喜欢拓宽自己的知识面并将此分享给他人;在陈述自己的想法时非常强而有力。

从性格与职业的适配性角度来看,不同性格类型有着与典型职业的倾向性关联,也就是说性格测评能够为我们在职业选择和职业发展方面提供更为可靠的评判依据和参考。当然这只是我们做出具体选择的重要条件之一,但不是仅仅凭借单一测评就能做出决策的。

MBTI各种性格类型常见适合职业举例

ISTJ

信息系统从业人员、天文学家、数据库管理人员、会计、房地产经纪人、侦探、行政管理人员、信用分析师。

ISFJ

内科医生、营养师、图书/档案管理员、室内装潢设计师、客户服务专员、记账员、特殊教育教师、酒店管理人员。

INFJ

特殊教育教师、建筑设计师、培训经理/培训师、职业策划咨询顾问、心理咨询师、网站编辑、作家、仲裁人。

INTJ

知识产权律师、设计工程师、精神分析师、心脏病专家、媒体策划人员、网络管理员、建筑师。

ISTP

信息服务业经理、计算机程序员、警官、软件开发员、律师助理、消防员、私人侦探、药剂师。

ISFP

室内装潢设计师、按摩师、客户服务专员、服装设计师、厨师、护士、牙医、旅游管理人员。

INFP

心理学家、人力资源管理人员、翻译人员、大学教师(人文学科)、社会工作者、图书管理员、服装设计师、编辑/网站设计师。

INTP

软件设计师、风险投资家、法律仲裁人、金融分析师、大学教师（经济学）、音乐家、知识产权律师、网站设计师。

ESTP

企业家、股票经纪人、保险经纪人、土木工程师、旅游管理人员、职业运动员／教练、电子游戏开发员、房产开发商。

ESFP

幼教老师、公关专员、职业策划咨询师、旅游管理人员／导游、促销员、演员、海洋生物学家、销售人员。

ENFP

广告客户管理、管理咨询顾问、演员、平面设计师、艺术指导、公司团队培训师、心理学家、人力资源管理人员。

ENTP

企业家、投资银行家、广告创意总监、市场管理咨询顾问、文案策划人员、广播／电视主持人、演员、大学校长。

ESTJ

公司首席执行官、军官、预算分析师、药剂师、房地产经纪人、保险经纪人、大学教师（贸易／工商类）、物业管理人员。

ESFJ

房地产经纪人、零售商、护士、理货／采购员、按摩师、运动教练、餐饮业管理人员、旅游管理人员。

ENFJ

广告客户管理、编辑、培训师、制片人、市场专员、作家、社会工作者、人力资源管理人员。

ENTJ

公司首席执行官、管理咨询顾问、政治家、房产开发商、教育咨询顾问、

投资顾问、法官。

　　作为认知自我的辅助工具,性格测评能全面和具体地帮助我们对自己的性格及个性状况有较为深入的认识。同时,既然是工具,也必然存在它的局限性。人的个性是独特的和千差万别的,而且随着环境和年龄阶段的变化也会有变动和发展,因此,自我认知是持续终生的过程,而且除了性格与个性,我们在价值观、道德、人文、情商、能力特征等方面同样需要较为全面和精准的自我认识与评判。对自我更全面、更深入的认识和了解,有赖于我们在社会实践和不断的反思与自我挑战中越来越准确和清晰地把握自己。

• 设定自我发展目标

　　当今社会,快速的经济发展和日渐复杂多变的思想交织在一起,人们在价值观、道德、人文精神等方面都呈现出极度浮躁的功利化和参差不齐的多元化现象,各种观点、主张、认识和看法似乎都有着一席之地。在这样的社会环境下,尤其是面对强烈反差对比之下的物质与欲望压力、现实与个体间巨大的落差、不甘束缚的个人意志与无可逾越的层层壁垒,以及快速变迁的社会环境和激烈的竞争所带来的不可避免的系统性内卷,人们极容易在不知不觉中被裹挟进滚滚洪流而不能自控。在这样的社会背景下,每个人都或显性或隐性地面临着巨大的风险与挑战,犹如在混沌状态中任何人都难以"独善其身","成为自己"本身已经成为一个变量,还要不断地受到难以解释的其他因素的强烈干扰,"守正"变得日益艰难,"坚持"变得愈发脆弱并暗藏风险。几乎所有的理论都言之凿凿,也存在着与之对立的观点和看法,思想自由的正面与负面影响不分伯仲、真假难辨,并且在现实中的状态也是此消彼长、莫衷一是,令人无所适从。正因如此,对于今天的年轻人而言,如何定义和塑造自己将成为最核心的人生课题——我该向哪里去?

　　自我塑造从目标开始,包括人生的总体目标和在每个重要的人生阶段所设定的自我成长与发展的具体目标。对职场新人而言,最关键的就是职业发展目标。有职业发展目标引导的职业生涯无疑是最富于价值和成就感的。而职业目标又源自一系列价值评判标准的选择和信念系统的建设,同时也会受到社会潮流和其他因素的影响,具体来说,职业发展目标主要依据以下基本思路得出,其要素包括性格特征、能力特征、职业性向以及价值倾向。

首先,如前所述,不同的性格类型有相应的职业倾向性,选择相对符合自己性格特征(优劣势)的行业和职业无疑是明智的选择,它能最大化地减少因个性原因而产生的自我消耗和适应性学习成本,也就是增强人与工作的融合性与匹配度,从而更高效地施展才华和发挥优势。

其次,能力特征对职业发展的影响也很直接,既包括显性的能力特长及短板,也包括潜在的学习能力和拓展空间,无论怎样取舍,扬长补短、发挥优势是不二选择。

再次,职业性向虽有不同的分类和解读方式,但基于个人综合状况的职业属性倾向是不可回避的重大抉择问题,人们常说的"入错行",其本质上往往就是职业性向的错配(见图 15)。

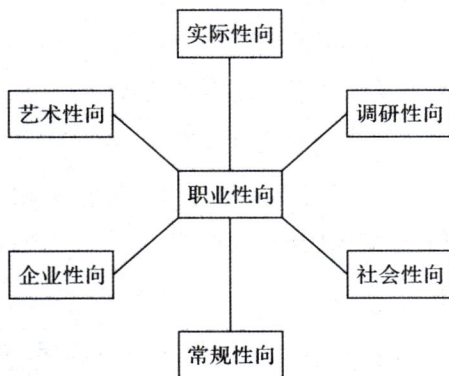

图 15 职业性向分类

最后,同时也是起决定性作用的,就是价值观的倾向性,其核心是价值取向:追求物质还是信念、道德导向及其水准、利他与利己、财富与成就、价值标准、善恶权衡、道义感……

每个人对上述诸多问题的选择各不相同,得出的结论也不尽相同,最终决定了职业目标导向的差异。

对于年轻的职场新人来说,或许没有足够的阅历和经验来系统回答这些"问题",实践中似乎也颇有难度,但若能够沿着大致明确的方向开始自己的探索,未尝不是最明智的选择——如果再能够有导师的协助将更胜一筹。抛开小概率和随机事件不谈,所谓"大致明确"无非是就一定的社会环境和经济背景而言,带有典型性和趋势性的一些认知和判断。就未来 15 年而言,我们有类似这样一些方向性的判断。

未来 15 年职业发展判断

◈职业化员工和管理者将成为企业核心人才。

◈创新能力和品质意识愈加重要。

◈价值创造将成为勤奋的新内核而备受关注。

◈学习力以及行动力将成为人才的核心能力。

◈人力资本经营将代替传统的人力资源管理。

◈信用与可信赖将成为宝贵的人才核心品质。

◈健全的独立人格及成熟的个性将备受青睐。

◈工作与生活的融合平衡能力至关重要。

◈认知能力及水平将成为竞争的关键。

原则上,我们短期的目标可以非常具体并且比较偏向于物质和实际,而中长期的目标则应当倾向于精神和成就感,至于人生的总体目标则一定是价值和意义。

其实继续留在学校做老师也是无可厚非的选择。就个人而言,年近三十,成家立业,孩子已经一岁多,住房也"幸运地"得到了解决,工作稳定,家庭收入在同龄人里属于中上。自己在学校也算是发展顺利,领导、前辈和同事都比较看重,工作也颇有些建树,在大家眼中已经是值得称道的好光景了。

但促使我改变的力量一直伴我左右,这很大程度上源于我的个性(特征)和一直以来没有停止学习所引发的一些思考。从中学时代开始的大量阅读,潜移默化中培养了我一种"要尽可能地帮助周围更多的人"的思想意识。从中外古典先贤到近现代名家大哲的思想学说,再到当前社会变革与经济发展趋势,广泛的学习涉猎与反复思考,以及利用寒暑假和休息日的"冒险尝试与社会体验"(我在离开学校前的三四年里一直没有停止过利用业余时间进行实践摸索:民校代课、零售推销、营销培训、业务推广……),一方面是为了避免自己脱离社会,退化成只会对学生们"纸上谈兵"的空谈家;另一方面也是为了验证和探索自己的实际能力和边界,这跟我大三假期去摆摊卖工艺品以及去美术用品店面站柜台的初衷并没有什么不同。这种思想和观念逐渐得以成型并稳固下来,而它的影响力和驱动力无论在什么时候都不曾被轻易磨灭,只是在时机和方式的选择上会有所不同。当然那些"不务正业"的尝试也带来了一定的经济回报和人脉资源,更重要的是它们强化了我走出校园进入陌生领域的信念和勇气。

当我们还有一份自信和一些能力去更广阔的地方或领域实现自己的追求和信念,不妨就走出那一步。

进入公司,做市场销售,既是服务他人也是在帮助他人,特别是对于自己的同事和下属,表面上是促销售、做业绩、拿提成,但我认为根本上是在帮助我的团队以及每一个员工追求和创造更好的工作和生活。实践中我也一直在朝着这个方向努力着,尽管结果未必尽如人意,但在近三年的市场工作中我始终在为这个目的做事,而不仅仅是为了赚钱(实际上在前期的一年半时间里,公司是入不敷出的)。

之后调回总部做管理,从两三个人的新建部门做起,到几年后发展成近两百人的培训团队,并管理四五个职能部门,这期间做得最多、最用心的仍然是对于团队和员工的建设与培养:对上能有助于公司的发展和经营,对下则能真切地帮助每一个员工获得职业成长,改变命运。看到越来越多的下属一步步达成原本不敢奢望的职业高度和生活水准,我感到莫大的快乐,成就感满满。

这也是我在公司效力 10 年后选择再次跨行的根本动因,能够在更广泛

的行业和领域去帮助更多的像我的学生和下属们那样需要成长的年轻人和伙伴，而我也具备这样的信念和一些必要的能力，为什么不去做呢？在持续坚持的十余年中，我造访了上千家企业，涉及几十个行业，结识了许许多多优秀的企业精英和骨干，同时通过培训和咨询项目帮助到更多需要帮助的人，这都是在践行一直以来自己内心那个由来已久的信念——要尽可能地帮助周围更多的人。

• 制订计划，在行动中完善自我

无论是短期还是中长期目标，都需要通过可靠的计划来实现，而计划并不仅仅是有想法、有打算或者是简单地在纸上罗列出时间表或每日清单。很多人都不止一次地尝试做过形式上的计划，但大多有头无尾，甚至是转瞬即逝。真正的计划应包含明确的目标、可持续的行动安排以及行为准则，尤其是自我约束的行为准则，是计划中最有意义，也是最具挑战性的部分，其本质在于形成习惯。从根本上讲，习惯造就性格，性格决定命运，而所谓命运，笔者认为不过是一系列存在递进、因果关系的目标累积形成的趋势，因此习惯决定着目标的达成，即所谓"成功是一种习惯"。

当我决定报考培训师职业资格证的时候，也是工作最繁忙的阶段，考证前的四个月培训班是必经之路，虽然我报的是周末班，但公司是单休，每周六都需要请假，而且遇到具体工作还要确保完成，而考证辅导班也绝非走过场，班级组织管理严格，主讲老师严谨负责，收作业一次不落并认真批改。

因为是企业培训师资格证，最难的并非理论考试，而是实实在在的登台亮相完成授课。虽然我是教师出身，在公司讲课也不少，但专业的企业培训师资质要求还是不容马虎的（从往年的过关率之低可想而知），老师虽然一直给大家"打气"，但许多人都压力重重——班里近一半人其实是来复读的。

最困难的还是时间问题——来报考的基本上都是在职人员，想必大多数人跟我情况相近，周内起早贪黑忙工作，周末连续上两天课还要兼顾工作，一个多季度都不能休息，无论如何这都是一段不轻松的日子。

但我必须得到这个证书，因为我离开公司走向培训咨询行业必须要用到它。没有充足的时间用来学习复习，那就充分利用好所有的零碎时间——每天早晚路上的时间、午餐和午休时刻、晚饭后、课间休息……我将课程内容"解构"组合成板块和模块，重新搭建成自己能把控的结构体系以提高学习效率；学以致用，把学习到的相关内容在工作中直接应用，加深理解；偶遇周末出差，就请家人代为听课，带回笔记和课堂录音自行补课。这不仅仅是坚持和认真，其核心在于保持"不中断、不放松"的状态。任何目标的达成，都有赖于持续的行动，任何的中断与懈怠，都是对实现目标最致命的削弱。

我那一届的过关率不比往年好，我只知道至少 3/4 的人又跟着下一届继续"复读"了，几个月后拿到证书的那一刻，我并没有太多感触，因为诸多的感受都在那四个月的坚持过程当中体会到了。

明确的目标关键在于具体和可衡量，也就是说这个目标可以被清晰准确地定义并且没有歧义，用数字和标准来描述是最好的方式，并且要有时间的限制（数字），比如"用 2 年时间拿到一级建造师资格证""下午 3 点前完成报告"，明确的目标是计划的指引和最终的结果，使得行动过程有了最根本的参照。

具体的行动安排关键在于可持续性，这里有两层含义：一是任何计划的行动措施都是可操作的、能实现的，当然这种可能性是综合了主客观因素和资源的最优选择，既不是盲目地妄想也不是保守地求稳，需要慎重地评判与求证；二是所有的行动安排都要有长期性和可持续性，反对"竭泽而渔"和"鼠目寸光"的短浅，这需要经常考虑短期计划与中长期计划，甚至是更长远和广泛领域的统一和协调，至少不应逊色于我们自身本应达到的前瞻程度，所谓局限性从来都不能成为人们短视和无知的借口。

行为规范及准则的意义和价值在于习惯的养成。我们每个人所做的任何事都遵循着自己一贯认同的那些标准和原则，有些是下意识的，有些是有意遵守的，有些准则是被动形成的，如来自家庭和社群的直接塑造和影响（原生家庭对一个人在行为习惯上的塑造重要而且意义深远），有些则是主动习得的,例如通过工作中的适应和学习形成的商务礼仪和工作方式。我们鼓励年轻人通过主动的审视与积极的学习不断提升自己的行为水准,基于价值取向来审视和鉴别不同的行为方式,从中选取自己认同和认为可取的、有助于个人目标达成的那些方式并吸收融合,形成自己个人行为准则体系的一部分。行为水准的不断提升为我们实现各项目标提供了坚实的行动力基础和保障。

在我刚加入公司的时候,参加了为期两个多月的入职培训,每天上午基本都是课堂培训,下午跟随不同的区域经理实践学习。

一天,一位资深的区域经理也来听课,他坐在我旁边,很认真地记着笔记。我无意中侧头看了看他字迹工整的笔记本,发现他本子的纸面与我有些不同,左右各有一条竖着的虚线将纸面分割成三部分,中间宽,写满了课堂笔记,左右各留有3厘米的样子,也疏密不等地写了些字。我很好奇,课间休息时借机向他询问。这位经理给我解释:听老师讲课不能单纯地"听",还要主动思考,要创造性地学习。笔记本上左边的空格用来标注随时想到的疑问和问题,以便课间向老师请教和讨论;右边的空格用来记录体会、灵感和感想,这样以后再看笔记时,就既能整理出完整的思路,又不会忘记那些稍纵即逝的"灵感",学习收获就能倍增和最大化。

我深受启发,立刻借来尺子,像他那样在本子上划好了十几页,接下来听课时边思考边记录,逐渐地体会到了那种收获更多的喜悦。从那以后,我的工作手册和学习笔记就一直是三列式,许多的灵感和工作创意都来自其中。

在多年的工作中,通过不断学习和积累,我也慢慢形成了自己一些做事的原则和标准:

❖ 安排工作和事项时将时间精确到以分钟为单位。

❖ 每天提前10分钟到公司,晚走5～10分钟,但避免加班。

❖ 承诺的事情一定要有结果,未竟事项也要有交代。

❖ 恪守纪律和规范,即使它不尽合理。

❖ 工作中凡事如能改进和创新,尽量不重复旧路。

◈在进步中坚持,每次都要有改善和新意。

◈克制言行,尤其是物质享乐方面,绝不放纵。

◈学习是生活和工作的一部分,每天都要学习,如同每天需要吃饭一样。

◈毫不保留地培养下属,视其成长为己任。

◈对自己认同的人有求必应,鼎力支持。

◈持续提升执行力,讲究过程,追求结果。

◈衣着得体,仪容整洁,彬彬有礼,洁身自好。

◈分类分区收纳物品,分类保存文件。

◈每一天都要有意义地度过,无论意义大小。

自主管理，做好自我管理

在企业里，每当谈到管理，人们最常接触和联想到的，主要是管理他人或是被他人管理。但还有一种管理，其重要性甚至远超过管人及被管的范畴，那就是作为企业中任何一个岗位上的员工，都要学会并做好的自我管理。通过深入研究后我们惊讶地发现，现代企业里之所以会出现管理难、难管理的困局，其根本原因就在于员工自主管理能力的弱化和缺失。

企业的实际综合效益是由管理层主导的"经营管理"（A）和员工主导的"自主管理"（H）共同实现的（见图16）。两者任何一方的提升，都能促进企业综合效

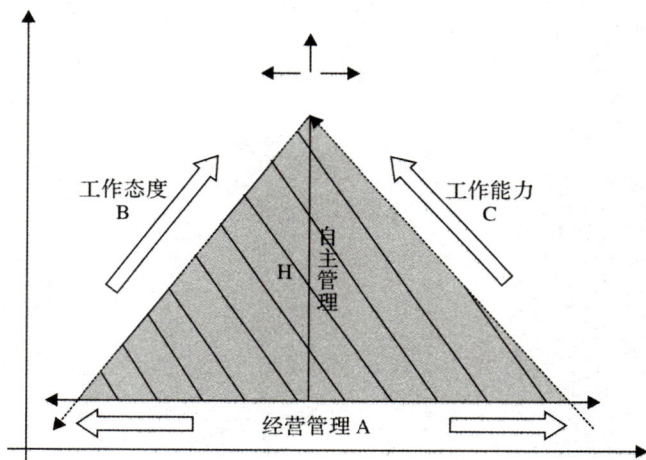

图 16　管理与自主管理

益(图中阴影部分)的增长,员工的工作态度(B)和工作能力(C)则作为两个必要条件而存在。它们会沿着 α 或 β 方向有所波动。相较于企业管理层主导的经营管理(A)受到资源限制而常常"裹足不前",难以提升,员工的自主管理在 θ 方向上的发展却并无客观限制,它的程度和水平(Q)才是企业核心竞争力的关键。

我们经常看到企业高层不断地加强管理的力度并尝试各种"更有效的管理方式"(A),也更多地注意到针对各级管理干部在培训与提升方面的投入,力图不断提升他们管理部门和下属的能力,但却往往忽视了最为重要的效能源泉——员工的自主管理(H)。

企业综合效益(图中阴影部分)的增长,取决于企业的经营管理水平(A)和全体员工的自主管理水平(H),而后者又来源于员工的工作态度(B)和工作能力(C)。企业的经营管理当然包含资源禀赋和企业管理各方面的综合因素在内,但在这里,我们主要强调企业的制度、流程和组织管理等软性要素;而员工的自主管理,则主要由态度和能力两大因素决定。我们会发现,在员工的自主管理水平不改变的情况下(B、C 不变),片面地"强化"企业管理的力度(A 不断加长),其结果往往会不尽如人意,企业的综合效益增加可能并不显著,这时企业的管理层就会对管理提升和变革产生顾虑和忌惮,造成管理上的惰性和裹足不前,转而不得不寻求资源上的补偿,诸如更多的资金、规模扩大、兼并合并、寻求补贴优惠政策等,以维持企业的效益水平。很显然,这种发展方式终究是受限制的。当然,实际操作中,随着企业管理力度(A)的增强,B、C 在一定程度上也会被动地有所改善,但正是因为其"被动性",这种改善往往是短期的、不可持续的,最终仍然会限制企业管理力度的步伐。例如在企业管理咨询工作中,就经常见到一些绩效管理和考核制度失效的例子:公司决策和高层强行导入的"先进的"绩效考核体系,就其出发点和制度本身而言,总体上都是好的,甚至是超前的,但广大基层干部和员工却是"被动接受",缺乏主动性和自主性。制度推行初期还能发挥一定的功效,甚至改善企业效益,但往往难以持久,有的一年半载,有的几年时间,不是考核流于形式、名不副实,就是难以为继、名存实亡,有些企业的绩效水平甚至还不如推行考核之前,而管理层对于绩效管理和管理创新也逐渐变得兴味索然,避之不及。

而如果能够重视员工自主管理(H)的改善,情况则会完全不同。即便是假设一段时间内 A 不变,但 H 能够得到明显的提升(B、C 随之持续改善),那么企业效益将获得近乎不受限制的增长空间,而不会出现无法逾越的断层。这就是为什么不少企业的管理模式和管理制度并不算多么先进和新颖,但企业却能稳定和持续地成长和发展的原因,其根本就在于真正树立和调动了员工的自主意识和"主人翁"责任感。在这一点上,被称作中国式管理典范的"胖东来"和"德胜洋楼"就给了我们很好的启发和示范。

员工的自主管理,其核心是职业化素养和技能的持续提升,职业化素养塑造员工的工作态度,而职业化技能强化员工的工作能力和技能,两者相辅相成,推动工作效能的提升,最终提高企业的综合效益。在这个过程中,员工自主管理的导向(Q)应尽可能沿着 θ 方向发展,这要求 B、C 的同步平衡增长,也就是员工的工作态度和工作能力的持续、平衡提升,因为无论是偏向于 α 还是 β 方向的片面改进,都会在一定程度上削弱最终的综合效能。当然在实践中,随着 H 的不断提升,A 也必须相应地增强和改善,以保持企业经营基础的平衡和稳固,也就是要为员工持续创造更佳的发展平台,否则企业的竞争力以及实力将会被相对削弱,进而导致"良禽择木而栖"的被动局面。

从年轻员工个人发展角度来看,以上分析则更加明确了自主管理的重要意义。作为职场新人,从入职伊始,就要不断地学习和强化自主管理意识和能力,这不仅仅对企业发展有利,更是职业化人才立身之本。

自主管理,将成为未来企业管理过程中越来越重要的积极要素,而对于企业中优秀的骨干人才,自我管理能力更是其核心的职业化特征之一。

• 克制住不满的情绪

有关情商(EQ)的知识让我们知道,一个人的成就大小很大程度上取决于其控制情绪的能力,而在所有影响(破坏)正确行动的情绪因素中,"不满的情绪"危害性最大,"不满"是一种强烈的心理失衡状态,可能体现在工作、生活的方方面面，包括对上司的为人、对公司的某些制度和决定、对自己的收入、对工作环境、对他人对待自己的态度和方式以及对工作内容本身都可能随时会产生不同程度的不满情绪。当一个人经常"心怀不满"，那么其行为和思想就会不同程度地受到"干扰"，进而引发新的、更多的不满，最终将削弱工作的意愿度和行动力。

之所以要克制，而不是单纯地"设法让自己立刻满意"，是由于两方面原因：第一，绝大多数的不满都无法或不可能当下转变成满意的情形。例如对上司的为人看不惯，很难适应，甚至认为此人"德不配位"，但作为当下的自己"位卑言轻"，无可奈何；或是对公司的管理方式不习惯，认为有很多方面不合理，甚至"不人性"，可是大环境如此，摆脱不了。第二，仅有的少数可以扭转的不满状况，很大程度上其实不过是将不满转移到别人身上而已——此消彼长、正负抵消，结果大体为零。就像是我们认定绩效分配不合理，自己吃了亏，不满之下通过一番"力争"，或许结果上有所改善，但却引发更多来自他人的"不满"，而自己也未必彻底消弭掉了内心的不满。无论在社会生活还是在企业经营过程中，缺少资源和既有资源的局限是大概率的，十全十美、顺风顺水其实反倒是小概率的，这也是现实中"不满情绪"几乎无法回避的根本原因。人们面对不满情绪，经常表现出两种反应：要么任由不满情绪肆意发作、"自然分解"——实际上是放任一系列负面后果随意发生；要么"全力以赴"试图去扭转局面，力争达成自我满意的效果，却往往徒劳一场，甚至适得其反。前者当然是消极的放纵，而后者也唯有在资源许可的情况下可以部分地有所改善，否则反而会得不偿失。

我们发现，源于个人心理圈层的情绪化的不满程度，经常会远远超出发生于实际当中的不公及不合理的偏差程度。绝大多数情况下个人产生的不满情绪，都毫无必要而且没有任何意义，其大多只是干扰和破坏了个人的理性思考和有效行动，当然也同时削弱了企业的生产效率和产出。

当我们心存不满却又无处搁置它们的时候，其破坏力便难以控制，最常见的情况就是懈怠和失落，这会让人停止努力，行动变慢，反应消极并且易起冲突。长久的不满状态会导致认知偏差，包括极端的、消极的和自暴自弃的想法。这一切仅仅是因为没有能够管理好一些不满的情绪，而自己却在不知不觉中已经偏离了航向，离事实和真相渐行渐远。

认识到这些危害，我们就需要具备管理和处置不满情绪的能力，对待和处理个人不满情绪的原则性方式就是克制。克制，并不是不可以有不满，人的情绪都是有起源的，不满情绪的产生，与喜怒哀乐各种情绪一样，是人们对外部信息和刺激的内在反应，问题的关键在于如何对待和处置它。克制也并不是狭义的"自我压抑"——那其实是另一种极端的错误方式，克制的关键在于控制和隔离。

我们首先要提高对坏情绪的控制能力，控制包括了识别和调节两个不可分割的部分。识别就是要意识到一个坏消息（或事件）会带给自己怎样的负面情绪，能及时预见或发现它的发生和存在。我们可以通过状态观察和结果对比等方式来识别自己的情绪变化，也可以透过与人交流和沟通中的反馈来觉察和确认，这些都并不难做到，关键是自己要有这种意识和习惯。调节则是在时间和环境允许的情况下，通过思维和行为方式，迅速调整，削弱或消除负面看法和感受。调节的方法和手段非常丰富，类似《情绪压力管理》之类的书籍和资料就有很多，我们可以根据个人状况从中选择适用于自己的情绪调节工具和方法。最重要的一点是，无论用何种方式调节自我情绪，一定要是有效且无害的，所谓无害，包括对自己、他人和社会。

常见的负面情绪调节方式举例

◈作为兴趣之一的运动，如打球、游泳、拳击……

◈业余爱好和个人特长，如插花、绘画、手工……

◈休假、旅行、公益、参观展览、参加婚礼/葬礼……

◈阅读一本好书，拜访导师或前辈，看一部电影……

◈高质量睡眠、高品质美食、高难度游戏……

不满情绪作为一种负面情绪，最好的处置方式是自我调节，当然也可以借助于他人和外部力量的疏导和劝导，如果拥有这样的资源，我们要对此心存感激且倍加珍惜。

　　陆鹏（化名）大学时是学电气自动化的，作为毕业生代表还在典礼上做过慷慨激昂的致辞。他选择来到三公司也主要是因为看中公司的技术实力，想着未来在自己喜欢的专业技术上能很快取得成绩，入职培训还没结束，他就已经办完了手续，培训结束后他如愿地被分配到了当时由公司总包的一个离自己父母家不远的重点工程项目上。

　　让他没想到的是，到了驻地才发现，项目还处在前期的土木工程实施阶段，甚至部分拆迁安置的遗留问题都还没解决，根本没有他专业上的事情要做，而且这个工程体量巨大，距离设备进场安装至少还有几年，更不要说运行生产的时间了，连工程部的驻地都是因为拆迁问题临时搭建的。可是按照项目规划，各个专业人员又都必须配置到位，毕竟项目是整体逐步推进的，陆鹏他们这些专业技术人员也不能缺少，而且工作量其实非常大，每天的事情堆积如山，领导只嫌人手不够，要求谁也不能闲着，于是陆鹏很快就忙得昏天黑地了，但却忙的都是他完全不了解的杂事：协调后勤补给、走访村民做沟通、解决争端处理赔偿、带着测量小组翻山越岭、跟运输沙石材料的承包商斗智斗勇，还要负责项目部的行政工作、帮着领导稳定部分员工情绪——连陆鹏自己都三番五次想要一走了之，经常在深夜一个人黯然神伤地看着天空数星星，想着长此下去自己的专业都要荒废了。一方面，陆鹏整日工作繁忙，顾不上考虑太多；另一方面，项目所在地距离他父母家比较近，开车四五个小时就能到老家的县城，虽然已经入职两年多，其实他也只回去过三四次，但父母已经很欣慰了，经常跟周围人说儿子就在附近工作，带着一副很满足的神情。介于以上两方面原因，陆鹏坚持了下来。

　　随着时间一天天过去，陆鹏作为少数一直留在项目上的年轻人，日益变得成熟老练。因为他办事周全，细致可靠，许多工作领导都直接让他去办，大家甚至已经习惯称他为"老陆"，他也欣然接受。因为细心，他还发现一大批施工材料存在质量隐患，及时组织人检测并上报公司，受到总部的表彰和嘉奖，领导也对他更加器重。

　　但陆鹏心中隐隐的不甘情绪还是挥之不去，无法消弭，总觉得自己是不务正业，荒废了专业技术，消沉和遗憾偶尔也会流露在言语之间。一天，陆鹏跟着领导一起出车去镇上办事,回来的路上越野车抛锚了,打了电话等人来接,领导带着他在河沟里躲阴凉,闲聊间领导看出来他的闷闷不乐,于是给他讲起了自己的过往。原来领导的早年经历跟陆鹏很像,刚工作的前三四年,都没碰过自己学了四年的材料专业,把项目上各种工作几乎都做了个遍,就是没机会做自己的专长,后来渐渐也就生疏了。陆鹏好奇领导又是怎么做到了今天的成就的,领导语重心长地对他说:"人最重要的是要有适应能力,要学会变通,不能太死板教条。在社会上也好,单位里也罢,要明白自己到底想要什么,想追求什么,大方向不能放弃。但是实现目标的过程很少有直来直去、两点一线的,相反,实际上存在着很多不同的路径,甚至还可以自己独辟蹊径,所以千万不要一根筋地看待问题。这两年咱们这儿不少人都走了,因为觉得这里艰苦、没前途,可是你还没走,为什么?"领导反问陆鹏,陆鹏不好意思地笑了:"不是没想过,也想过考研什么的,但是整天忙,没工夫考虑太多吧,再说项目这么大,年年招人,年年缺人,您都两年没探过亲了,我手头这么些不大不小的事儿,一时半会儿也没人接,不好意思走……"领导拍拍他的肩膀,说:"我看出来了,你是块好材料,将来肯定能成大事儿,只不过现在还有点看不清楚、想不明白,所以心里堵着口怨气!只要你能把它给彻底打消了,拐过这个弯儿,你就能真的大鹏展翅嘞!"看陆鹏认真地在听,领导继续说:"项目上的事儿你也熟了,公司的发展你也多少了解了,你说说,假如就按你最初来咱们项目上的期望,一切顺利,你能从自己的专业干起,不断发展,如愿成长,若干年后,比如 10 年、20 年,你期望自己成为什么样子呢?"陆鹏想了半天:"跟您一样,做个项目总监!""哈哈哈……"领导爽朗地笑了起来,"应该不止如此呀!不过别忘了,我可跟你一样,也是从'不务正业'开始的哦!"陆鹏也笑了,似乎一下子想明白了什么,从石头上跳起来,把手上摩挲好久的小石块朝着平静的水面甩了出去,打出了一连串的水花……

那次谈话过去十几年后的一个八月,我在三公司总部办公室认识了陆鹏。三公司邀请我为中层干部做管理技能提升培训,陆鹏身为主管人力资源和干部培训的副总,特意提前约我面谈,沟通培训计划。虽是初识,却一见如故，之后几天的培训中，彼此交流颇深。作为公司最年轻的副总，陆鹏虽然是刚刚履新，但多年的基层历练使他思维缜密、干练沉稳、张弛有度，我欣赏他的做事风格和能力，更对他的未来充满信心和期待。

其次，我们需要掌握在时空上"隔离"那些坏情绪的方法，也就是可以暂时将不满情绪与当下的思想、行为活动分隔开来，使之暂时不受干扰。例如刚刚收到晋升落选消息，手头正有项目在设计，先将落选的失望感受"隔离"在项目工作以外，一如既往地专注于工作本身，待工作结束再去"考虑"和处理它。当然，隔离大多是暂时的，要从根本上解决，还需要通过有效的方法和途径进行调节。

• 不要把私利放在第一位

人不能没有私利，它是个体存在的必要条件，如同我们需要睡眠和食物一样。但无论在生活还是在工作中，都应当警觉地评判自己对私利的态度和反应，尤其对年轻人来说，追求私利并不意味着总是将其放在工作和生活的第一位来处置。在不同的场合和条件下，面对不同的抉择，可能会有各种不同的原则主宰和引导着我们的决断，如正义、科学、效率、安全、善良、自由等，但尽可能不要将私利置于主导和主宰位置。

为什么要做如此强调？

这绝不仅仅是从道德的层面上重申"自私"的弊端，而是一个人在群体中生存发展所不可或缺的基础。特别是事关判断取舍的抉择问题时，将私利置于次要位置，才能够让我们拥有足够的空间和余地来做多样化的选择和思考，也才能做出更为"智慧和长远的决定"。与此相反，当私利主宰了我们的思想和行动，那无论怎样丰硕的利益也无法抵偿自己从内到外的人格败局。一个人的人格格局就如同气候对于植物生长的意义，再好的种子都无法逃避气候的恶化与改变。而私利的膨胀就是破坏我们"人格气候"的最直接诱因。

具体到一项工作、一次机会或是事关利益分配与取舍的选择和意见的表达上，我们要尽可能寻找个人私利以外的其他重要和关键的依据和

立足点，这样做其实并不总是会违背或伤及我们的个人利益，或者有影响但可以接受。如果某种提案（特别是他人提出的）明显伤害到我们的切身利益时，我们的"反驳"意见也同样需要立足于私利之外的最有价值的出发点，无论最终的结果如何——有利还是不利——都不可以输在格局上。

工作中难免会有其他部门推诿责任，将额外的工作或者难题甩给别的部门，某些个人也有类似的行径。

入职培训期间，作为见习经理，我经常参与市场一些实际工作。在一个关键市场的开发进驻阶段，我和另一位见习经理正好一起被安排跟随该市场的区域经理实习（实习期间跟随的区域经理是定期轮换的）。当时正处在开发市场的关键阶段，区域经理忙于外部事务，就把装修和经营上的一些工作分派给我们。也许是出于个性原因，或是其他缘故，另外那位见习经理很懒散，工作不上心，经常不知所踪，见我每天都在，干脆把分派给他的工作找各种理由推给我，汇报总结时又都说成是他自己一个人完成的。他的采购票据也塞给我让一起报销，非说谁报都一样，结果由于票据出错被财务追查，他却说那不是他的票据，一口咬定是我搞错了。

当时我本想找到几方当事人当面对质，把实际情况澄清——工作可以多干，但不能不明不白地受窝囊气——还自己个清白，但转念一想，要把这些琐碎事情都说清楚就得把许多人召集到一起，这并不容易。况且当时公司所有人正在攻坚克难，竞争对手还在不断找麻烦，装修进展也很不顺利，市级、区域经理正焦头烂额。这个时候如果还为了我们这些内部的小矛盾分散精力，实在是不妥。另外，以后到了驻地市场上，诸如此类的内外矛盾一定不会少（后来的经历远比预料的更多、更复杂），现在都无法忍受，处理不好，那以后遇到问题又找谁来解决呢？

于是我到财务取回了凭证，接受了批评，去供应商那里软磨硬泡重开了票据，很快报销完结。工作上直接找区域经理申请，将需要做和我能做的事情尽量都安排给我，全当是实战锻炼，既然很快就要奔赴市场，何不早点儿多见识一下？经理们其实或多或少已经了解到此前的实际情况，很信任我，也乐于有我这个主动请缨的帮手，于是我也就得到许多其他同仁难以获得的实战机会。而那位见习经理依然如故，因为清楚了他的为人，之后短暂的共事期间我也再没有给他任何机会故伎重演，虽然他也完成了实习，但据说分派到一个小市场后不到半年就被公司劝退了，以后再没有了踪影。

• 平衡消费，品质消费

对年轻人来说，与处置私利的"压力"密切相关的来自消费的压力似乎从来没有在当今社会这么大。不断丰富的消费选择与不断膨胀的消费心理，特别是当下最"现实"的房、车刚需，使得金钱在一部分年轻人的头脑中占据了重要位置。这虽然只是快速转型社会难以避免的阶段性状况，但对每一个个体而言，却是无比真实和残酷，大家都难免"不由自主"地被裹挟而动。

有一年春节的一个晚上，我带着家人乘地铁去大雁塔北广场"感受节日的气氛"。我预料到会人潮汹涌，但没有预料到的是连出地铁站都需要排队！于是大家想既然已经来了，那就多一些耐心吧。然而，当我们走出地铁站才发现整个北广场人山人海、水泄不通，从地铁口前往喷泉短短几十米的直线距离，一家三口相拥前行十几分钟才挪动了几米。所有人都只能随着周围的人群不自主地被推着移动，前进的方向却往往是随机的，有时甚至是在绕圈后退。大批保安和警察竭尽全力地维持秩序，但汇集的人潮已经变得无法控制……十几分钟"随波荡漾"的无奈之余，我脑海里掠过一个念头：离开这里，回家！当我将这个提议告诉妻子和孩子，他们立刻做出了一致的决定！就这样，在机会尚存的一个拐弯处，我们挤进了远离喷泉的人流之中，几分钟后，身边不再有推挤耸动，我们迅速绕道而行，辗转回到了温暖舒适的家里另作安排。在那一刻，我认定做出了最好的选择。其实在绝大多数时间里，不夜城及北广场跟其他景区的客流并无太大差别，游览观感也并无多少不同，反而是那天晚上的"体验"事与愿违。所幸我们做到了及时"止损"，而不是违背初衷而随波逐流。

　　年轻人的消费欲望是旺盛的,这本无可厚非,并且消费也是经济繁荣的重要内驱力。然而"被裹挟"的消费欲望无疑是极具破坏力的,当消费不再是人们追求幸福和快乐的方式,而成为制造焦虑和浮躁的手段,这样的消费过程本身以及参与的个人,就都走向了自己的反面。事实上,任何社会的任何时代,无论是物资相对丰富还是贫乏(排除极端匮乏的灾难社会),消费的根本原则都是一致的:平衡消费,品质消费。

　　所谓平衡消费,是就个人及家庭中短期收入水平而言,在各类消费开支上的平衡与协调,以支持和维护人们对自身生活的设定水准。"量入为出"是这一原则的朴素表达,所有基于这一原则的消费习惯和水平都值得肯定和尊重(这也是为什么我会在企业员工关系准则中严令禁止对个人消费行为的评价与攀比)。相反地,任何对该原则之下消费行为的歧视和贬低都是不道德和居心叵测的,遗憾的是这种恶行却正借由社会急速变迁之机肆无忌惮地大行其道,甚至已经裹挟了公众中很大的一部分,使人们的生活越来越异化成为"恶性利润膨胀的手段和工具",而失去生活消费本身的意义。

　　而品质消费,是在平衡消费的基础之上,在每一项具体开销和花费的实现形式和过程上,力求体现和达成个人精神层面的更高追求,包括对质量、美感、内涵、情感以及人们常说的"仪式感"的追求。因此品质并不必然与价格和数量成正比,也和所谓奢华没有太大联系,品质的灵魂一定是人的精神与人格,以及相应的基于诚信的质量保证。认为花销巨大或者周身大牌就是品质生活的人大多是出于无知和肤浅,而朴素生活中却往往蕴藏着真正的品质精髓。

　　在我的年少时代,那时的社会及家庭物质条件无疑都还是贫乏的,父母微薄的收入供养着全家的生活所需以及三个孩子的教育开支(我一直以来都非常佩服父母在那个年代竟然能供养出三个大学生来)。家里各类家居用品及食物跟周围人家一样有限和单调,然而令我长久以来引以为荣的是,我的父母用跟周围人家几乎相同的低微收入让我们的生活"多姿多彩、别出心裁"。家里几间平房虽然简易,但干净整洁,窗明几净,布置得当,实木手工的家具简朴但质地讲究。门口边的空地和窗台上不乏各种花草,大多是亲朋四邻所赠；母亲的巧手不仅让全家人衣着得体，一手花样翻新的面食也闻名街坊，父亲的特色美食也时常令我们惦念。让我印象深刻的是母亲用市场上廉价处理的布头尾料精心缝制出了那时只有时尚杂志上才得一见的精美流苏大窗帘，四邻纷纷前来参观请教。那时的生活虽然不算富裕，但却又是真正有意义的生活，让我领会到生活的真谛：生活不是单纯的物质消费，而是将真挚的情感与智慧悉心注入有限的物质消费过程中，追求丰富多彩的幸福体验的一种创造过程。实践告诉我们，收入和物质的局限并不能妨碍生活带给人们的乐趣与充实感，那种坦然的处世态度和用爱心打理生活的投入感才是幸福的源泉。

一个人占有金钱和财富的数量既要靠能力也要凭借运气，终究是不能完全自己控制的，但我们如何对待和运用金钱，做到平衡消费却有章可循。那种被金钱和消费欲望（攀比）任意摆布的人，往往会沦落为碌碌无为的平庸之辈，随波逐流，如飘沙浮萍。

或许是受到父母的深刻影响，几十年来我对个人和家庭消费也坚持着平衡的原则。无论是刚参加工作收入微薄的时候，还是薪资渐丰的时期，我对消费的关注很少体现在追逐数量和所谓"名牌"上，而是尽最大可能地让每次消费都摆脱价格和数量的束缚，努力发现并用心注入更多的感情与意义，减少和克制那些不必要的"单纯的消费"（本质上就是浪费），更不去试图通过标签式的消费来"跨越阶层"（本质上就是虚伪）。一直以来我都认为，最值得关注的是家人的健康、自主学习和对孩子的教育，对家居用品要求品质与舒适，对食品要求营养可口但不能浪费，这样孩子也从小就习惯了饮食用度上的"适可而止"。人类的消费除了解决和维持生活必需的物质条件外，更重要的是能够在这个过程中创造和传递尽可能丰富的价值和情感。生活的品质在很大程度上与花费的大小并无太大关系，更多地取决于消费的方式与观念。

学会平衡消费是每个年轻人非常重要的生活课题，我非常感激自己的父母很早教会了我这一点。而在消费品日益丰富的今天，许多人的生活却变得越来越单调乏味，消费巨大而焦虑不安，这值得我们反思。

最后，当人们面对消费压力和"不满意的收入"相叠加的时候，就是负面情绪最难以控制的时刻，这也是造成许多年轻人"轻率"辞职或跳槽的重要原因。跳槽的确是解决"薪酬不满"的方式之一，短期看，如果机会把握得好，信息掌握得充分，是能暂时缓解压力、解决困难的。当我们稍微长远和全面地分析问题，那种不是基于职业成长和能力提升，而仅仅是因为薪酬和消费压力而频繁跳槽的行为是弊远大于利的短视做法。其在迅速耗尽个人职业能量积累的同时，也会打乱职业发展的进程，往往逞一时之快意，毁一生之前程。

当我的个别下属出现此类举动的时候，我会提前介入"干预"或是借助离职面谈的机会，帮助他做透彻的分析：以他现有的实力和职业积累，所能够实际胜任的职务和匹配薪酬水平是怎样的？离职的动因是否就只是对薪酬不满？如果是，是否自己的消费意识和方式需要调整？目前的工作和环境与其他工作相比，对他的职业规划哪个更有利？

此外，我会再次重申个人消费的均衡性和弹性，强调和建议年轻员工将对消费的热情和压力部分地转化为个人职业能力和素养提升的动力，从根本上长期地增强自己"增值加薪"的实力和竞争力，也就是"与其临渊羡鱼，不如归而结网"。作为具备一定职业化认知基础的员工，他们大多都能理解和接受这样的引导和建议，避免职业生涯的频繁波动和大起大落。当然，在这个过程中，我们的年轻员工还需要学会另一项自我管理的能力——延迟满足。

• 培养延迟满足的习惯

对职场新人而言，自我管理还包含另一个重要的能力和习惯需要培养，它比消费观念更宽泛地适用于生活和工作中的得失权衡，那就是延迟满足。它之所以对年轻人更为重要，是因为其创造和积累的过程必然地先于可触及的成果与收益。所谓的延迟本质上并非生硬地压抑和忍耐，而是尊重事物发展的规律和必然性，以及为最好的成果创造更多成熟条件的审慎和理性评判。延迟满足的意义不在于满足感强弱本身，而在于在"延迟"过程中个人所形成和展现出的一系列素质与能力，这些素质和能力的不断强化能够提升我们在更广泛的领域中得以卓越发挥的潜力，因此作为一种有益习惯的形成过程，延迟满足是自我提升的重要手段和途径。

从某种意义上看，大多数对我们真正有益的选择往往都是"反人性的"，如坚持学习、健身、诚信守诺、保护环境以及举止端庄，都与我们人性中与生俱来的懒惰、自私、享乐和散漫相对抗。例如现代商业（资本）获利的主要手段，往往就是设法利用人性的"弱点"来达成超额销售和利润最大化，如放大利益而弱化成本，强化效用而忽略过程，强调感官满足而抑制理性判断，甚至人为地凭空制造焦虑，使"即时满足"的错误认知四处弥漫，堂而皇之地占据了社会生活的主流。在这样的整体氛围和趋势推动下，延迟满足就显得格格不入、逆流而行——然而这恰恰是当今和未来很长一段时期里年轻人成长发展和脱颖而出的关键所在。

延迟满足的能力能够支持我们不屈从于人性和个性的弱点，从而主宰自己的意志和行为，使之最大化地向着理想与目标聚焦，不断增强自我驱动力，以及在精力、心力、时间上的持续有效投入，进而摆脱世俗阻力的束缚，超越"普遍性"藩篱，让我们在代际群落中脱颖而出，实现自我的价值。

回到总部工作，时间过得同样很快，每天都有忙不完的事，转眼已经到了第二年的春天，部门建设已经进入轨道，各项工作进展紧张而有序。一天早上，David 叫我去他办公室，询问了部门管理和工作进展情况，然后说："客服部已经建立有两年了，一直都没有个合适的部门经理，这一年多就换了两三个，这样下去不是办法。我考虑从现在起，你帮着我来做客服部的建设工作，希望这个部门能尽快发挥起作用来，你觉得呢？"我有些诧异和震惊，迟疑了一下说："谢谢您的信任，做工作没问题，不过我没接触过客服工作，外行管内行不是很合适吧，而且……"我还在考虑措辞，David 笑着打断我："你可以学习嘛，我相信你能行，培训部你就做得很有起色嘛！有什么具体的困难吗？"问完他笑着看我。"困难肯定会有的，不过一边做一边解决吧。那员工那边……"我说。David 回答道："一会儿客服部开个会，我来告诉大家，你如果遇到问题就直接来找我。"我心底里有一丝激动又有一些疑感,有些问题想问但又似乎不合适问,"那好的,我尽力!"

　　下午当客服部的专员拿着资料来找我签字的时候,部门所有人都疑惑地看着我,我没有跟大家解释,员工们也不好多问。几天后公司月度经理会议上,在说到客服部工作事项时,David也只是告诉大家以后客服部的事情都跟我对接,没有再多说什么。工作职责算是清楚了,但其他都没再提,同事们虽然都表现出认可和接受,但是又都没有人多表示什么,连人资部经理都一脸诧异,刚开始很是别扭了一阵子,不过随着时间推移,工作的繁忙也就冲淡了那点尴尬。

　　我一边加紧部门建设和流程完善,培养员工推进各项工作,一边报名参加相关的客服管理培训课程,买来相关书籍边学边摸索。培训部员工们看我两头分身,也都更加积极努力地工作,随着两个部门人员的成长,工作也逐渐步入了正轨。

　　时间飞逝,很快就到了年底,两个部门的工作都取得了有目共睹的成绩,我也得到了历练和提高。只是偶尔在一些场景下关于职务以及待遇的问题还是让我有些疑惑,也有市场上的老同事故意开玩笑问我现在的职务之类的,我都会岔开话题,家人有时也会问,我也只好含糊其词,心里开解自己:领导肯定有他的安排和理由,迟早会有个说法的。

　　随着过年的日子临近,工作开始收尾,各部门都在准备年后的公司年会报告,我没有多问,提前开始着手准备两个部门的PPT,之前的季度和半年工作会议都是我做好客服部的报告,由David在他的公司工作报告里合并概述的,这次应该也是如此。年前最后一天下午,部分路远的员工都已经提前返家了,公司里安静得有些冷清,突然我桌上的电话铃声响起,显得特别响亮,是David打来的,"Lion,你过来一下"。语气平静,但很简短,直觉告诉我有很重要的事情发生。我抓起本子立即起身赶了过去,心里想大过年的,会有什么重大的事情发生? 难道是要出差? 来到老板桌前,David笑眯眯地示意我坐下,"这一年工作感觉怎么样?""收获很多很大,应该说非常大,超出预料,特别是客服部的工作,让我开阔了眼界。"David点点头:"你做得很好,也超出我的预期。是这样,年会上客服部的报告就由你来讲吧!"

他说着从旁边柜子里拿出一个红包，很厚重的样子，递给我，"你这一年辛苦了，替我向家人问个好！"我开心地接了过来，"谢谢您，我会继续做好的。""嗯，我相信你！对了，你考虑一下你的个人待遇，设计个方案吧，我觉着年薪制比较好，总额和结构上你先提个方案。不过职务称呼上，虽然是负责两个部门工作，但暂时还是叫经理吧，你能理解吗？"我会意地点了点头。

延迟满足并不是说在所有时间、所有事项和所有场合简单地一概而论，一刀切地"推迟满足感"，而是当我们面对那些与我们的目标和理想有联系的重要事件时，有目的、有意识地为了强化自律、提升自我的"刻意修炼"过程，其核心意义在于发掘自身潜力，增强意志力与韧性，而非为了延迟而推迟，更非"满腹怨言"地苦苦忍耐。

职业化成长的核心就在于自我管理、自我激励和持之以恒的自我提升。在这个过程中，只有较为严苛的自律和持续不断的目标追求才能形成持续发展和成长的内驱力。

自我管理是在全面的目标指引下的实践行动过程（除了上述重点提到的四个方面，内容上还包括目标管理、时间管理、学习管理以及健康管理。因为考虑到本书侧重于青年员工的需求，故在此暂不做详述，伙伴们可依据个人需要进一步了解和学习），整个行动过程需要有明确的认识、清晰的目标和行为标准，并自始至终、践行如一，才能真正把握自己、超越自己，获得成功。

九 职业规划与职业探索

• 职业化与职业规划

职业规划非常重要，重要到人人都需要，但同时，职业规划又非常困难，困难到很少有人是按照自己的规划获得成功的，而机遇、背景和奋斗，被公认是这个时代取得成就的核心要素。事实上，很多人对于职业规划存在着普遍性的误解，职业规划并不是也不可能作为一个人成功的"路线图"和"行动计划"，职业规划的本意在于"规范和格局"，在于建构自己认知的格局和价值导向。

职业规划是基于价值取向前提下的，对个人职业发展的总体认知和格局设定，为此建立并不断完善一系列的自律性规范，以指导自我职业成长的整体性方案。

首先，需要明确对职业的价值取向，不同的职业价值观决定不同的职业选择和路径。职业化素养的诸多构成要素中，对职业的价值取向具有鲜明的导向性和典型性，因此我们可以大致认为职业化精神、职业化思维以及职业化技能的融合贯通，为所有谋求职业化发展与成长的年轻人提供了最佳的职业规划路径，从而帮助每一位职业化精英以最贴近"最短路径"的方式去追求职业成功。或者说，职业化素养本身为建立职业规划所需要的职业价值观系统提供了最佳的参照和前提基础。

其次，职业认知决定看问题的深度和广度，从而影响到职业选择及发展路径和方式，并推动职业自律和规范的形成。例如在最基本的职业选择中，找饭碗、图稳定还是求发展，就取决于对职业和工作的认知差异，也就是对待工作的不同看法和态度，这种差别会直接带来完全不同的工作态度和工作方式，以及差别巨大的工作结果。

具体到一份工作本身，如何看待它，如何对待它，如何评价它，"一千个人眼中有一千个哈姆雷特"，但这并不是简单"选择"的结果，而是认知的结果，也就是"视工作为何物"的问题。由于内在观念的不同，必然会带来行为方式上的差异，并在实践过程中不断演变和强化。

最后是格局，在认知与行为模式的共同作用下，由内而外建构起来的"视界"以及言行举止，所能够展现出来的格调与胸襟更容易为人们所觉察和感受到，它们将极大地影响和干预一个人对职业发展所需资源的吸引能力和选择取舍。事实上，在很多时候并不是人在寻求资源，而是资源在寻找"对的人"，并且不同量级和品质的资源也有着独特的"偏好"，会热衷于朝着"对的人群"去汇集——最优质的资源总是青睐格局上一致的人，而具备职业化素养的人才无疑是最佳人选。

因此，我们可以清楚地看到，职业化与职业规划之间存在着紧密的、内在的、高度一致的协调性和关联性，职业规划在寻求职业化发展的人们身上能够充分实施和发挥，从而帮助人们更好、更快、更多地取得职业成长的成就。在职业化发展前提下的职业规划才更具有现实意义和价值。

职业规划的重心在于"准备"，而不在于"选择"，也就是说重在过程的控制，重在原则的坚持和认知的持续发展，例如对目标和方向的锲而不舍、持续学习和追求卓越。这种"持久的准备"本身就逐渐形成了一定的趋势和格局，对那些"自律性"原则的坚持是形成这种长期结果的决定性力量，正如一座城市的建设，其建筑风格与文化基调的最终成型，是因为它的那些最核心和根本性的原则得到长期坚持和积累的结果，而那种随意变化和任性安排的"应时规划"，其结果往往不伦不类，徒耗资源。

叶旭（化名）在他大学毕业刚刚入职第一家公司两个月的时候认识了我，那是一次公益课程，我受招聘平台邀请，为当地人力资源管理界客户做专题讲座。后来在人力资源管理师培训班上，叶旭在课间休息时上讲台来

听其他同学跟我探讨问题,其间他很兴奋地告诉我说,他几个月前听过我的讲座,并且因听了那次讲座而下定决心从事人力资源管理,并且报了名来参加培训和考证。几个星期的培训过程中,他是近百名学员里最积极和认真的几个人之一,课前、课间、课后也是最喜欢提问和倾听其他人跟我的交流的一个,经常下了课陪我一路走出校园,直到我上车离开。他所提的问题也不仅限于教材和考试,本着"有问必答、有教无类"的原则,我也都尽可能地给他和大家更多贴近实际的解答和建议,包括职业规划、从业经验以及为人处世各方面。我也注意到叶旭的与众不同,他虽然年龄小,但非常好学,并且很能够"知行合一、学以致用"。也许正是因为资历浅,可塑性反倒很强,几个月的学习和考试结束后,叶旭已经很有章法,言行举止和谈吐行为中已经有了职业化 HR 的雏形。

　　此后大概两三年里,他是我各类课堂上的"常客",包括各种讲座和沙龙。用叶旭自己的话讲,只要能来,他都争取到场,甚至有些课程和讲座都是重复多次去听,不仅是我的课程和讲座,其他相关老师们的课程和讲座上他也是积极分子。因为熟识,所以关注。短短几年的时间,大家都注意到了叶旭的成长与变化:他跨专业从事人资,从职员到专员再到主管和经理,从三级证书拿到一级再到一系列相关专业资质和认证,持续的系统学习和不断的积累,让他拥有了同龄人少有的能力和阅历,而对行业和人力资源专业的专注又让他积累了可观的业界资历。毕业七年,他虽然换了两次公司,但都在同一个行业。尤其第二次"跳槽"很有些不同寻常,在第二家公司已经身为人资经理的他,几番面试后入职第三家公司——一家上市的行业龙头公司,但公司能给他的岗位却是薪酬绩效专员,收入不升反而有所降低,但叶旭义无反顾地选择入职。有趣的是,入职不到一年他就被提拔为主管,第二年再次晋升人资经理。当我受邀去给他们公司中层授课时,叶旭已经是深受公司器重的核心力量,收入也已是同龄人水平的 3~4 倍……课程休息时间,师生畅谈,话题最多的还是围绕着学习体会、工作心得和职业成长,他对职业规划已经有了深切的理解和体会,也深谙其中章法,但仍然孜孜以求,虚心谨慎,我对于他的持续学习、目标规划和严谨自律给予了充分的称赞,也坚信他必定能拥有越来越宽广的职业发展和事业成就,而叶旭则感恩于诸位老师和导师的帮助和支持,期望师生之谊长存。

我问叶旭对于自己的职业规划有什么可以总结的经验,他首先提到的是原则。他说想要取得任何成绩和结果,要先做个有原则的人,也就是要先管住自己,明确做什么以及不做什么,能怎么做以及不能怎么做,如果所作所为跟周围其他人一样(平庸),那怎么能在结果上跟别人有所区别呢? 然后是长远的目标,也就是大方向要明确而且坚定不移,避免各种短期的诱惑和干扰,从而专注于自己的领域,才能有积累;更重要的是围绕目标的不断学习和自我提升,向榜样和优秀的人看齐,不断锻造自己,持续不断地精进自己。"还要低调和稳重。"叶旭最后补充道,"尤其是在大企业和上市公司,人才济济,卧虎藏龙,自己再优秀也只是一个局部上的亮点,不能忘乎所以。""其实还有一点,非常重要。"叶旭又补充说,"我很幸运,这一路走来基本上没有走什么弯路,所以,运气好也是很关键的!"我们四目相视,都笑了起来。

事实上运气和机会确实是必不可少的,但机会并不是均等地分布在我们的人生当中的,有些机会来得早一些,而有些会晚一些,更有些机会突然出现,又会突然消失。我们生命的大部分时间其实都是在做准备,为某一个机会的降临并为了抓住这个机会去持续和耐心地锻造自己,从行为到能力再到认知。而职业规划的意义就在于它能够指导和保障我们去坚持做好这些准备。春华秋实固然是美好的盛景,四季轮转才是真正的驱动力,花开娇艳、硕果累累只是表面的结果,土壤、水肥、温湿、光照的经营才是成功的根本。如果职业成就是养好一盆鲜花,职业规划就是依照花的品种和养花人的追求,去研究和准备适当的花器,匹配适合的土壤,搭配恰当的营养肥料,保持适宜的温度、湿度和光照,必要时还得防治病虫害。坚持做好这一切然后耐心地静待花开,或早或晚,时机到来时,才会纵情绽放、艳压群芳。每一个追求职业和事业成功的人,都需要努力做好自己的"园丁",职业规划则是做好园丁的工作指南。持之以恒地遵照指南去辛勤耕耘,必定会拥有繁花似锦的美丽花园;而缺乏规划、随遇而安的人生,大多只能收获一片杂草和

几枝偶然闪现、良莠不齐的花朵。

还有一些人,简单地认为"坚持"就是成功之道,但职业规划中所需要的坚持并非仅仅是"简单的重复"。没有目标指引,没有持续的学习与自我提升,没有与时俱进的自我挑战与创新,仅仅是"本本分分地原地坚守"绝不是成功的法宝,那只是认知局限造成的"以战术上的百倍勤奋去掩盖战略上的不思进取",其本质是无知与惰性,而没有目标和路径的坚持则无异于浪费生命。

职业规划还必须考虑到个性特征与禀赋差异,不是每一块地都适合种植郁金香,玫瑰也不是在哪里都能开出一样鲜艳的花朵,不同的性格类型和个人素质适合不同的发展目标和职业路径,其关键在于发挥自己的优势,并选择适合于自己的发展环境、行业领域、专业方向以及发展路径,前文所述的"认识自己——了解自己的性格与能力结构特征"以及职业性格测试等相关内容和工具有助于回答和解决这些关键性问题,但更重要的是,当我们将自己与现实的环境背景结合在一起,身处具体的社会和企业场景中时,如何做出现实的判断与决策?我的许多学生和学员也一样,他们想要做职业规划,但经常会焦虑于"我究竟该如何规划自己""我具体该怎么做"等问题。当看书、听课、分析案例时,他们似乎已经了然于心,但具体到自己身上时往往不知所措。

这种情形几乎广泛存在于我们的各类学习和培训过程中,究其原委,无外乎两方面原因:第一,对所学内容没有能从知识上升到能力和认知,仅仅掌握概念和原理却没有学会方法和工具,就无从转化为能力,而缺乏能力和实践的积累就不可能进一步上升到认知层面,也就没有思路和手段去付诸行动并产生结果。第二,没有行动和试错的勇气,经常会与第一种原因并存,知道但就是做不到,并且畏惧失败和打击,一心只想着要成功,却不打算接受任何风险与损失——"最好是有人给我现成的结果"——然而这是不现实的。具体到一个人的职业规划,即便是我帮助我的下属、学员、客户做职业规划,主角都永远不会是我,真正的"规划"从来都不是导师做出的,只能也必须是由当事人自己来决定的。所谓导师的辅导,大都是做方法的指导与信息的分享,职业规划不是在一块画布上作画(画不好可以重来),而是一个人在策划自己一段人生的单程旅行,这是他生命中无比重要的一部分,任何人不能也无权去替代。因此,职业规划需要学习和掌握一些正确的方法,也需要持续的行动与饱含挫折的探索,更需要勇气与决心。

我第一次开始思考自己的职业规划是在进入公司后的入职培训期间,一堂"我的职业生涯规划"课程打开了我的思绪,有醍醐灌顶的猛醒和兴奋,也有惘然若失的担心和遗憾,已近而立之年才懂得人生是需要做规划的,不免有些心生焦虑。所幸老师一再强调,职业规划任何时候都不算晚,从现在开始就是最好!

跨体制的改行实际上等于脱胎换骨,一切从零开始。商贸企业是靠实力和业绩说话的,发展晋升的通路倒是明明白白,但一切都得凭借能力和结果。对我这个新手来说,最现实的目标还不是业绩和挣钱,而是尽快入门,要先成为一名合格的销售员和业务经理,也就是要实现从文人到商人的跨越,这个挑战对我来说无疑是艰巨的。

在老师和资深经理们的指导下,我开始了销售技能的学习和实践。从陌生到熟悉,从生硬到自如,不断地学习和体验每一项技能和知识,每天都在面对新的事与新的人,每天都在学习和见识新的业务与场景,我逐渐适应并养成了持续学习的习惯,每天通过各种方式增长知识和提升自己,甚至将工作本身看作学习成长的一种方式,工作的劳累和辛苦只不过是不可避免的代价和条件,学有所获才是最大的快乐。于是无论是实习期间还是开拓市场的艰难时期,视工作如学习的认知和习惯逐渐巩固下来,成为我个性行为特征的一部分。

在持续的学习和市场的历练过程中,我也逐渐形成了自己职业化发展和能力素质模型的认识和概念,并开始有意识地"自我定制",扬长补短,持续塑造。三年的市场开发与经营工作,帮助我快速地完成了职业转变,从一介书生变身为地道的市场营销骨干,职位也从业务经理一步一步晋级为省级(大区)经理,我也从工作中学习到了丰富的知识和宝贵的技能,体验到了与企业共同成长的成就感,寻找到了职业发展的坚实路径。

值得庆幸和感激的是，作为当初复试我并大胆录用了我这个跨界外行的面试官、入职培训期间最资深的老师和选定我外派到北京市场的决策者，同时也是北京大区的直接负责人、公司老板、我的顶头上司 David，三年多的时间里一直是我最重要的职业导师，知遇之恩，栽培之义，没齿难忘。无数次的促膝恳谈，无数次的工作指导、会议培训，David 带着我一路步行考察市场，调研分析，领我拜访陌生客户，帮我修改合同草稿，彻夜不眠地听取我的倾诉牢骚，百忙之中关心我的生活起居；从工作中周会、月会的数据分析示范，到工作方法辅导、团队管理以及领导能力的培养；从适时的激励晋升与委以重任，到排忧解困调动资源协助化解危机……很大程度上，正是因为有了 David 这位杰出的导师和教练，才弥补了我对于职业规划未曾提早开始的那份缺憾。

我在公司的第二次转变充满了机缘巧合。由于家庭的需要，我必须放弃驻外，回到总部和家庭所在地；而公司的快速发展也促使总部职能建设亟待加强，刚刚独立于人力资源部的培训部需要加快发展。短暂的两个月休整后，我遵照领导的意图，回总部接手新建的培训部——只有两名员工，但我认定这是一次难得的机会，也深知老板如此安排的长远考虑和殷殷期待。

在旁人看来，放弃苦心开创的市场和优厚的收入，是一种损失和"吃亏"，意味着又要从头开始，而且前途未卜。但已经实现了第一次职业转变的我，如今也有了自己对职业化的深刻思考和认识：继续从事市场营销在当下看来的确是自在而且"实惠"的，但那并非我最终的追求，而从事企业管理更接近我的理想，从人的培养和开发入手的企业培训体系建设，才具有着更广阔的空间和更具价值的潜在机遇，同时也能为自己的职业化发展提供一个更好的平台。

总部七年的经历证实了我的判断，也再次验证了 David 的眼光。

"打造行业最强的培训体系，塑造公司最职业化的团队"，这是我到任两个月后给部门全员设定的新目标——在含我一共四个人的部门会议上。看着其他三个人有些迷惑的眼神和不知所措的表情，我知道这听起来似乎有些空洞和不切实际,但这就是我未来五年要实现的目标,它的实现必须基于部门建设的长期规划,也取决于我个人的职业规划目标的实现——成为职业化管理者,以及部门未来每一个成员的职业化成长和发展,当然也离不开公司的支持与老板的帮助。

有了目标,就需要规范流程和行动措施,从我自己到部门管理,逐步建立和推行一系列的工作标准和行为准则。从仪容仪表、商务礼仪到职业形象,从工作计划到会议流程再到行为规范,从人际关系准则到工作模块和流程,再到绩效评估体系以及晋升通道的开发设计,三年多的时间里,随着新成员的不断加入和部门规模的不断扩大,以全员职业化发展和高效能培训体系为核心的各项规范、流程、标准和制度逐步建立并日益巩固。持续的高效执行与创新相互促进,使部门职能和功能不断丰富和强化。目前,培训部不仅负责和主导公司各级各类培训项目工作,并且还能够推动和参与市场管理、营销策划和信息化建设,进而推动了总部组织建设和变革,为公司"孵化"出了三个重要的战略性部门——运作部、策划部和网络部,而培训部自身也发展成拥有160多名职业化专职讲师、课程体系完善、培训体系健全、在全国设有九个大区培训部的行业最强培训力量。

在职业化建设方面,培训部、运作部、策划部、网络部以及早期接手的客服部始终走在公司各部门的前列,带动和促进了总部整体的职业化发展。团队文化也逐渐成形,五部门各自成为富有活力和凝聚力的高效团队,又共同形成了一个拥有一致理念与愿景的大团队。

团队的发展离不开长远的规划与落实执行,个人的职业规划也离不开团队(组织)的成长与发展。从市场营销管理到职业化经理人的跨度是巨大的,但团队的成长给了我难得的机遇和条件,公司领导的信任与支持更是坚实后盾,回到总部后的第五年,也是总部第三次扩大搬迁的时候,我的办公室门牌换成了"副总经理"的字样。

事实上,五年中我一直都在为这个目标做准备。所谓准备就是不断地学习,不断地行动和发动变革以及创新,始终围绕着公司发展和员工成长这两个主线去思考问题,并采取有效的行动。

　　首先必须系统地学习企业管理技能，从理论到方法工具，再到管理哲学和领导艺术，借助书籍、网络以及各类培训机会，逐步学习和填补自己的空白，并通过工作实践加以理解和运用；其次是自我管理，建构针对自己的行为规范和理念准则，从言行举止到待人处事，从工作标准到流程规范，从时间管理到职业精神，在引导员工的同时，也要更加严格地约束和要求自己，不断增强自我的内涵和意志力，去面对任何压力和挑战，以主动和强者的姿态去迎接困难和风险；最后是在坚持中创新，坚持不仅靠意志和信念，也需要在改变和创新中寻找坚持的价值和意义，不断尝试用新方法、新工具和新途径去解决所面临的问题，创新是坚持的最佳方式，灵感和创新能够使任何枯燥甚至艰难的事情变得有趣和值得。

　　在整个过程中，我很少考虑那个结果具体什么时间能到来，无论是职务、待遇还是地位。因为我更喜欢正在经历的过程本身，认真度过充实和有意义的每一天、不断积累增长的知识和阅历、各种新生事物和风险挑战、员工们日新月异的变化成长，公司蒸蒸日上的发展……这一切才是我之所以给自己和团队制定规划的目的和意义，结果不过是必然性的和阶段性的一次"总结"罢了，而结果和目标达成的另一个意义在于，提示我们要着手开始制定新的规划了。

　　职业规划本质上是一个持续的资源"优化—获取—优化"的过程。当我们根据自己的兴趣和性格特征，结合既有资源条件为自己设定了一个或远或近的职业发展目标的时候，我们就开始进入这个过程。但更重要的是，这个目标的最终实现，是通过持续不断的学习和持之以恒的行动来获取更多的资源并创造性地发挥它们的作用与潜力，在为企业和社会创造更多和更大的价值的过程中逐步实现职业规划的功能和意义，从而达成职业长远目标。

　　因此，脱离企业发展和社会贡献谈职业规划是狭隘和功利的，也是难以真正实现的。那种一味地只是谋求个人的所谓发展前程，将企业和他人视作被利用的手段和工具，甚至腹黑钻营，讨巧算计，损人害企，只不过是精致利己主义者的巧取豪夺和精于盘算，绝不是职业化员工所应该追求的职业规划。而另一些人所谓的职业规划和职业理想之所以流于口舌或者半途而废,往往就是因为沦陷于急功近利甚至是投机取巧,这些也都不过是旁门左道和自欺欺人。

• 职业化与职业探索

能将一种职业作为自己的终身事业无疑是幸福的,但职业也并非必须是一成不变的。一方面,职业生涯规划是允许(甚至也鼓励)职业转换的,就职业生涯规划本身而言,从某个职业自身的发展路径来说,也会有一个由初级岗位逐步朝着高阶岗位提升和探索的过程。另一方面,职业规划并不是狭隘地限定一个人只能在一条轨道上走到底,跨专业、跨类型,甚至跨行业的职业成长路径也都是可以考虑的,职业规划"规定"的是自律规则和格局设定以及总的职业价值导向,而不是简单地框定一个职业范围,"固步自封",让人不能"越雷池一步",那样的看法无疑是狭隘的。

我们鼓励年轻人的职业探索——这与前文强调的职业坚持并不冲突,对工作基于热情和责任感的持之以恒是必要的,但这并不意味着单纯地坚守。事实上,每一种坚持和坚守都有它明确的价值支点和平衡,在这个价值平衡意义之上的坚持才是真正的持之以恒。但当环境发生变化、社会不断发展,时代和技术的进步打破了原有的平衡体系时,变革与创新才是趋势所在,职业探索与自我挑战以及自我超越就成为必须。变革面前,对固有一切的坚持,实际上是在选择逃避,尽管可能在精神及信念层面依然宝贵,但在现实层面上难免时过境迁,渐行渐远。因此,在更宽广的领域和多元化的系统中探索和实现职业发展与成长,同样是职业规划的题中之义。

企业中最常见的职业探索路径之一就是"从技术走向管理"。事实上,为数众多的企业都开辟有类似的职业发展通路,对于很多原本"专业技术"出身的年轻骨干们来说,这无疑是一个巨大的挑战和绝佳的职业跨越发展机会。企业需要各类优秀的专业技术人才,同时也急需各级卓越的管理干部,然而在我所接触的众多企业中,都普遍地存在着这样一个难题:相当一

部分业务技术转型的管理者都难以胜任,实际上能从基层和专业岗位顺利成长为优秀管理干部的比例远远小于企业干部选拔培养的规划需求,这一方面佐证了企业管理人才培养的不易,但另一方面,也暴露了企业过往管理人才培养的一些"硬伤"。其中最关键的一个薄弱方面就是我们的年轻技术骨干们往往长于专业积累和业绩创造,疏于职业化素养的培养和塑造,走上管理岗位后,对象发生改变,角色需要转变,思维需要转变,工作方法也需要改变,但他们缺乏转变和改变的基础和准备:职业认知能力、职业化思维能力和职业化技能的支撑。

在企业经营管理中,我见到过太多的令人尴尬的场景:班组长不善言辞,不敢当众讲话,班前会议、班组培训敷衍了事;遇到问题没有思路只凭经验,面对员工矛盾无可奈何;员工不干就只会自己干,身为管理者思想言行却止于员工层次;不理解管理,找不到定位,分不清职责,组不了团队……如此种种,他们从技术向管理转型过程中诸多的困难、限制、误区和困惑,其根源都来自他们之前的专业化成长模式的片面性:强调专业化而忽视了职业化,尤其对于企业后备干部群体和有志于职业探索的年轻人,职业化素养的缺失是阻碍他们未来发展的根本性短板。

在我的课程体系中,多年来我经常为企业讲授这样一门专题课程——"从技术走向管理"。该课程涉及数十个行业的百家大中型企业,受众基本都是企业从各专业技术和业务部门选拔的青年骨干或者是进入管理岗位1～2年的基层干部。在教学和辅导过程中,我深切地感受到他们的压力和困惑,但我更深知问题的根源所在。其实从我授课的内容和要点不难看出,基层管理干部所需要的或者说欠缺的,就是职业化思维和职业化技能(七项)的掌握以及在"向下管理"中的有效发挥与应用能力,这些能力他们大部分人并不具备,更不会用。专题培训在很大程度上是一种应急弥补和引导启发过程,有它的作用和价值,但问题的解决绝非一两天压缩式的课程所能达成。只有正本清源,从新员工做起,从青年骨干员工的专业化及职业化均衡发展着手,不断强化职业化发展意识和系统建设,才是根本的解决之道。希望这些建议能够得到职场新人们的重视和借鉴。

　　职业探索的另一种模式是跨越和复合型发展，在总的职业发展目标或者价值导向指引下，不断地自我提升、自我开发和自我挑战，跨越不同的专业、岗位、行业和地域，在更广阔的领域和空间中谋求发展。这种模式更具风险和挑战性，也更富有成就感和价值感，但同时对个人的综合实力要求也更高、更全面。无论是对个人禀赋、专业能力还是职业化素养，它都提出了更为苛刻的标准和门槛，但究其根本，职业化始终都是最核心的、最关键的竞争力所在。